KB045239

귀 기울임의 미학

귀 기울임의 미학

Learning to
Listen

최명기
지음

시공사

이 사람이 나에게 이야기하는 순간만큼은

그것이 참이든 거짓이든 내가 진실로

받아들여주기를 기대한다는 것을 깨닫게 되었다.

심리적 문제로 힘들어하는 사람들 가운데 실제로 정신과 의사나 심리치료사를 찾는 이는 일부다. 대부분 동료, 선배, 상사, 친구, 이웃, 가족을 비롯한 주변 사람들에게 도움을 청한다. 그런데 가까운 이의 조언이나 충고, 격려, 질책이 실제로 도움이 되는 일은 그리 많지 않다.

때로는 상대방이 신경 써달라고 하지 않았는데 관심 갖고, 요청하지 않았는데 먼저 나서서 충고하고, 반가워하지 않는데 들어줄 테니 말해보라고 하는 사람들이 있다. 이럴 때면 필요 없는 조언을 하는 이에게 '오지랖이 넓다'고 에둘러 말하기도 하는데, 역시 결과가 좋은 경우는 드물다. 누군가 관심 가질수록 상대방은 갑갑하다. 배려

없는 대화 시도는 상대방을 더 불편하게 만드는 것이다. 심지어 조언은 비난으로, 격려가 질책으로까지 받아들여지기도 한다.

격려의 겉모습은 따뜻하다. 하지만 어찌 되었든, 멈추지 말고 나아가도록 독려하는 것이 격려의 목적이다. 그만두어도 된다, 포기해도 된다고 말할 때는 격려가 아닌 위로를 한다. 따라서 위로가 아닌 격려는 듣는 이에게 그만두거나 포기하지 말라는 무언의 압력을 가한다. 멈추고 싶은 사람에게는 커다란 부담이다.

격려하는 이는 상대방에게 다름 아닌, 용기를 주고자 하는 것이다. 격려는 주춤하던 마음의 불을 다시 타오르게 한다. 하지만 격려받는 이가 자신의 에너지가 완전히 소진되었다고 판단한다면 이야기가 다르다. 할 수 있는 바가 없다는 무력감에 사로잡힌 이는 격려를 받으면 절벽에서 등을 떠밀리는 것처럼 느낀다. 용기가 아닌, 희망 고문을 당한다고 생각하기 쉽다.

격려나 조언을 하는 이는 의도는 선하겠지만 가만히 들여다보면, 종종 성격이 급한 사람들이기도 하다. 누군가를 보면 답답하다. 하지만 마음이 약해서 면전에 대놓고 싫은 이야기는 못하고, 야단치지도 못한다. 그런데 상대가 아무것도 하지 않으려는 듯해 답답하게 느껴진다. 결국 야단 대신 격려를 하게 된다. 하지만 누군가를 야단치지 못해서 격려하는 경우는 상대방도 느낌으로 알아챈다. 이럴 때는 차라리 꾹 참는 것이 바람직하다. 가만히 지켜봐주는 인내가 필요한 것이다.

귀 기울임의 미학

관심 역시 마찬가지다. 지나친 참견, 질문이 '비호감'의 이미지를 만든다. 예를 들어 회사에 새로운 직원이 출근하면 어느 학교 출신인지, 집은 어디인지 묻는 이들이 있다. 업무와는 아무 관련 없다. 그저 궁금한 것이다. 묻는 이의 입장에서는 친근감을 표현하는 것이라고 합리화한다. 대부분 예의상 웃어넘기기는 하지만 사람에 따라서는 정말 짜증 나는 순간일 수 있지 않을까?

쓸데없이 질문을 하는 사람들은 자신이 사교적이라고 착각하곤 한다. 하지만 상대방의 생각은 다를 수 있다. 현대사회에서는 사생활이 중요하다. '적절한 거리를 두고 독립적인 생활을 유지하고 싶어서' 도시에서 산다는 사람들이 많다. TV에서는 시도 때도 없이 서로 사생활을 침범하는 영상을 보여주면서 '사람 냄새 나는 삶'이라고 포장한다. 하지만 원치 않는 사람의 원치 않은 관심처럼 고역이 없다. 타인에게 쓸데없는 관심을 갖거나 쓸데없는 질문을 피해야 한다.

정작 질문하는 본인은 넘치는 참견을 하면서도 인지하지 못하는 것이 문제다. 다음과 같은 가이드라인을 세워보자. 먼저, 궁금한 것이 아니라 필요한 사항을 묻자. 아무 이유 없이 타인이 궁금해질 때 그것이 왜 필요한지 자문해보면 어떨까. 첫 출근한 직원이 어디 사는지가 도대체 왜 필요한가? 그리고 내가 물어본들 그 직원이 졸업한 학교를 바꿀 수 없다. 가능하면 상대방이 말하고 싶어 할 것을 짐작해서 묻자. 상대방이 말하기 싫어할지 감이 안 잡히면 그때는 입장을 바꿔놓고 생각해보면 좋다. 내가 답하기 싫은 것은 상대방도 대답하기 꺼려지는 질문이다.

대화든 관심이든 충고든 격려든, 이는 누군가를 도와주려는 의도에서 시작한다. 하지만 상대방은 고마워하지 않는다. 왜 이런 문제가 발생하는 것일까? 귀 기울이지 않기 때문이다. 상대방은 거부감을 온몸으로 표현하는데 내가 읽지 못하는 것은 아닐까? 제대로 귀기울이는 법, 제대로 공감하는 법, 제대로 조언하는 법, 제대로 침묵하는 법을 익혀야 한다. 적절한 때, 적절하게 상대방을 내버려두는 연습이 필요하다.

요즘에는 길에 쓰러진 사람을 발견한 일반 시민들이 심폐소생술을 하는 모습을 방송 등에서 보곤 한다. 과거에는 심폐소생술은 의사, 간호사, 구급대원만 하는 것이라고 생각했다. 사람이 눈앞에서 죽어가도 일반인들은 발만 동동거렸다. 심폐소생술 하는 법을 제대로 모르고, 혹시 잘못될까 두렵기 때문이기도 했다. 하지만 망설여질 때는 심폐소생술을 하는 것이 천배 만배 낫다. 관심, 충고, 조언, 공감, 위로, 격려, 귀 기울임 역시 마찬가지다.

심폐소생술은 심장이 멈췄을 때 자극을 줘서 피를 순환시키는 작업이다. 심폐소생술처럼, 우리는 아끼는 이에게 관심 갖고, 조언하고, 공감하고, 위로하고, 귀 기울여야 한다. 서투를지 몰라도 일반인의 심폐소생술이 누군가의 목숨을 구하듯, 주변 사람들에 대한 관심이나 귀 기울임 역시 누군가의 영혼을 치유한다.

심폐소생술과 관련해서 조금 더 이야기하면, 누구나 알고 있듯이

귀 기울임의 미학

양질의 심폐소생술을 시행했을 때 가장 큰 도움이 된다. 가슴을 누르는 위치, 강도, 횟수가 적절할 때 효과가 있다. 가슴 가운데 위치한 흉골을 눌러야 한다. 흉골을 눌렀다 손을 떼면 눌렸던 흉골이 갈비뼈의 탄력 때문에 원위치로 돌아온다. 그러면 흉골을 다시 눌러서 심장을 압박한다. 잘못된 위치를 누르면 힘은 심장에 전달되지 않는다. 잘못된 위치를 눌러 갈비뼈가 부러지면 흉골이 원래 위치로 복귀하지 않기 때문에 심장에 힘을 전달할 수 없다.

또 너무 약하게 누르면 심장에 힘이 닿지 않는다. 양팔을 쫙 펴고 온 힘을 다해서 눌러야 심장이 자극을 받는다. 횟수가 부족하면 피가 제대로 순환되지 않아서 뇌손상이 발생한다. 이렇게 양질의 심폐소생술이 있듯이 양질의 관심과 조언, 양질의 대화와 침묵, 양질의 귀 기울임이 있다.

주변 사람들의 좋은 귀 기울임은 정신과 의사나 심리치료사의 치료보다 효과적일 수 있다. 아무리 내담자에게 애정을 가지더라도 정신과 의사는 타인이다. 일주일에 1~2회 환자를 만난다. 상담 시간은 대부분 한 시간 남짓. 가족이나 동료가 내담자와 만나는 시간에 견주면 새발의 피다. 정신과 의사와 상담하고 치유받는 느낌이 들더라도 본인을 힘들게 하는 사람을 현실에서 마주치는 순간 '말짱 도루묵'이 되기도 한다.

정신과 의사나 심리치료사가 아무리 명민하게 내담자를 파악하더라도 같이 사는 것은 아니다. 상담 시간에 잠시 만날 뿐이다. 논리적으로는 전문가가 사람을 객관적으로 파악할 수 있을지 모른다. 하지만 한계가 있다. 가족, 동료, 친구처럼 생활 속에서 내담자를 경험하고 체험할 수는 없다. 최대한 심리적으로 안정을 찾도록 노력은 하지만 현실에서 직접 도움을 제공할 수는 없다. 이와 달리 가족, 동료, 친구는 내담자에게 실질적인 도움을 줄 수 있다. 그렇기 때문에 환자가 주변인들에게 양질의 조언을 듣는 것이 가장 큰 도움이 된다.

예를 들어 절대 가난은 개미지옥과 같다. 한 번 빠져들면 스스로의 힘으로 헤어 나오지 못한다. 정신과 의사나 심리치료사가 금전적으로 도움을 줄 수는 없다. 그런데 가족, 친구, 지인은 실질적인 손길을 내밀 수 있다. 친구가 사주는 한 끼의 따뜻한 밥이 정신과 의사의 백 마디 따스한 말보다 더 위로가 되지 않겠는가.

이처럼 인간이 변화하기 위해서는 내적 동기 못지않게 외적 동기가 중요하다. 내담자의 주변 사람들은 관심, 충고, 조언, 공감, 위로, 격려, 귀 기울임을 통해서 내적 동기를 제공하는 동시에 용돈을 주든 선물을 하든 필요한 물건을 빌려주든 현실적인 보상을 해줄 수 있다. 그러한 보상은 변화를 위한 외적 동기로 작용한다. 물질과 마음이 함께 갈 때 최고의 효과를 거둘 수 있다. 내담자와 함께 살아가는 이들은 물질과 마음을 함께 준다. 따라서 그들의 적절한 보살핌이 더 효과적이다.

살다 보면 우리는 누구나 타인에게 관심 갖고, 조언해야 하고, 위로해야 하고, 격려해야 하는 상황을 마주 대한다.《귀 기울임의 미

귀 기울임의 미학

학》은 내 곁의 사람을 가만히 바라보고, 적절한 타이밍에 적절한 도움을 내밀 수 있도록 조언한다.

무엇보다 잘못된 격려, 질책, 잔소리, 통제, 감시는 독이 된다. 우울증 환자의 예를 들어보자. 우울증에 걸리면 만사가 귀찮다. 이럴 때 가족의 관심은 대부분 충고나 지시로 이어지게 마련이다. 아무것도 할 수 없는데 운동을 해라, 햇볕을 쬐라, 규칙적으로 생활하라고 쉽게 말을 건넨다. 마냥 누워 있고 싶은데 방에 들어와서 끊임없이 말을 시킨다. 그러다 보면 우울증 환자는 자신이 대처하기 어려운 짜증에 직면한다.

우울증에 걸리면 죄책감도 심해지는데, 속이 상하기는 가족도 환자도 마찬가지다. 물론 따뜻한 한 마디는 필요하다. 환자를 포기해서는 안 된다. 하지만 환자가 간절히 원할 때는 내버려두는 것 역시 필요하다. 관심이 잔소리로 이어져서는 안 된다. 환자를 숨 막히게 하기 때문이다. 주변의 걱정과 위로도 지나치면 당사자에게 스트레스가 된다. 때로는 아무것도 안 하는 것이 최선이다.

《귀 기울임의 미학》이 잘못된 충고를 하지 않고 듣지 않는 데 도움을 줄 수 있으면 좋겠다. 타인에게 귀 기울여 진정한 관심을, 제대로 표현하는 법을 알리고 싶다. 또한 자신의 마음에 귀 기울이고자 하는 이에게도 손길을 건네고자 한다. 어려움에 처한 이들을 보면 이야기할 가족이나 친구가 없는 경우가 있다. 아무도 마음을 몰라주는 것이다. 내 마음을 몰라주는 이에게 먼저 말을 건네기는 쉽지 않다.

하물며 어떻게 살아야 할지는 더더욱 물어볼 수 없다. 그런 이들에게 이 책이 마치 따뜻한 선배가 건네는 좋은 조언으로 읽히면 더할 나위 없이 좋겠다.

어떤 일을 골똘히 생각하다 보면 우리는 자신도 모르게 '이래야지', '저래야지' 하면서 마음속으로 일종의 혼잣말 같은 다짐을 할 때가 있다. 인간이라면 누구나 자신과 대화를 한다. 진정 나를 위한 충고가 절실한데 주변에 제대로 된 조언을 해주는 이가 없다면, 《귀 기울임의 미학》이 도움이 되지 않을까.

이 책을 읽고 나서 나에게 들려주는 조언을 한 가지씩 만드는 것도 좋다. 자신의 마음을 들여다보는 특별한 계기를 만들어보자. 수학 문제를 풀려면 문제 풀이에 앞서 기본이 되는 공식을 알아야 한다. 《수학의 정석》이든 《해법 수학》이든 참고서를 보고 기초를 쌓아야 한다. 그런 의미에서 《귀 기울임의 미학》은 심리학으로 풀어낸 '인생의 정석'이며 '해법 인생'이다. '나'에게 귀 기울이고 싶을 때, '당신'에게 귀 기울이고 싶을 때, 나를 위한 좋은 충고를 하나씩 쌓아가고 싶을 때 이 책은 좋은 심리 수업으로 자리할 것이다.

이 책은 실용적인 상담 기법을 원하는 정신과 의사, 심리치료사 같은 전문가들에게도 도움을 줄 수 있다. 나는 그동안 내담자들에게 응답하기 위해서 나름대로 노력해왔고, 그 노력을 온전히 여기 담고자 했다. 동등한 상담, 평등한 심리치료, 자유로운 의사소통을 지향

하는 정신과 의사, 심리치료사들이 《귀 기울임의 미학》에 귀 기울여 주기를 무엇보다 바란다.

2019년 9월

최명기

3부

타인의 아픔을 듣는다는 것

Learning
to
Listen

1부

말을
건네기 전에

01

고통을 덜어주는 힘

우리는 좋은 심리치료사를 떠올릴 때, 번뜩이는 통찰력을 가진 이를 생각한다. 그리고 환자를 한 번만 보고도 모든 것을 알아챌 거라고 짐작한다. 무의식을 완벽하게 파악해서 마치 외과 수술을 하듯 환자의 문제를 명쾌하게 해결할 수 있다고도 상상한다. 하지만 무의식의 가장 큰 특징은 '알 수 없다'는 것이다. 환자도, 치료자도, 그 누구도 모른다. 환자가 모르는 마음을 치료자가 안다고 해도, 맞는지 틀린지 확인할 도리가 없다. 환자가 아니라고 하면 아닌 것이다. 그리고 환자가 왜 특정 행동을 하는지 치료자가 정확히 파악해 해석했고, 환자 역시 그 해석을 받아들여 자신의 문제를 깨달았다고 해도 과연 환자가 그날부터 다른 사람이 될지는 여전히 미지수다.

심리치료사 중에는 환자에게 이쪽으로 가라고 하면 이쪽으로 가고, 저쪽으로 가라고 하면 저쪽으로 갈 것이라고 생각하는 사람이 종종 있다. 그러한 치료자는 환자가 자신이 말한 대로 움직이지 않으면 상담이 잘못되었다고 생각한다. 또한 환자를 어떻게든 움직이게 하려고 낑낑대는데 환자는 꼼짝 않는 경우도 있다. 그럴 때 사람들은 상대방이 생각을 바꾸지 않는다고, 행동을 바꾸지 않는다고 말한다. 하지만 대부분의 경우, 환자들은 자신의 행동을 안 바꾸는 것이 아니라 못 바꾸는 것이다.

/ 타인의 마음 헤아리기 /

환자를 치유하는 근본적인 힘은 무엇일까? 정확한 분석과 이론에 기초한 상담일까? 아니라고 생각한다. 누구나 어느 정도 자신의 문제가 무엇인지 알고 있다. 더군다나 상담을 하기 위해서 전문가를 찾은 이들이라면 이미 심리학책도 많이 읽고, 강연도 찾아다닌 경험이 있을 것이다. 사실 이 사람들이 스스로를 바꾸지 못한 이유는 마음이 망가졌기 때문이다.

몇 날 며칠 굶은 사람에게는 음식과 물을 건네야 하듯, 마음이 궁핍한 이에게는 위로가 먼저다. 이들은 자신의 괴로움을 반복해서 이야기하면서 위안을 얻곤 한다. 같은 이야기를 반복한다는 것은 그만큼 치료자를 절실히 원한다는 증거다. 많은 심리치료사들이 같은 이야기를 반복해서 들어주는 일은 아무나 할 수 있다고 착각한다. 하지만 누가 끝없이 반복되는 이야기를 들어주겠는가? 부모도, 형제도, 친구도, 동료도 같은 불평을 반복하는 이들을 결국은 피한다. 아무도 자신의 말을 들어주지 않기 때문에 전문가를 찾는 것이다. 사실 대부분의 환자에게 가장 필요한 상담자는 끝없이 이야기를 들어주는 사람이다.

이렇게 같은 이야기를 반복하다 보면 환자 역시 스스로 지겨워진다. 그러면서 상대방이 지루해하지 않을까 생각하게 되고, 차츰 자신의 문제를 깨닫게 된다. 그리고 혹시 이것이 자신의 문제인지, 저것이 문제가 아닌지 치료자에게 물어본다. 그럴 때 조심스럽게 공감해주면 환자는 스스로를 분석한다. 이렇게 자신에 대해 알아가면서 어느 순간 다르게 살고 싶다는 욕구가 생긴다. 무작정 말을 건네기 전에 상대의 고통을 나누는 단계가 필요한 것이다.

그런데 정확하게 환자를 파악해서 치료해야겠다는 생각이 강한 사람들은 환자가 매번 똑같이 반복하는 이야기를 듣는 것을 견디기 힘들어한다. 자신이 아무 쓸모없는 행위를 하고 있다는 생각에 사로잡히기도 한다. 전문가 역시 지친다. 그 환자를 피하고 싶고, 반복되는 이야기를 듣는 고통에서 벗어나고 싶다. 그러다 보니 해석을 한다. 본인은 해석을 한다고 생각하지만 어떤 때는 환자에게 지적을 하고 야단도 친다. 더 이상 그 환자가 찾아오지 않으면 병식病識이 없고, 치료에 적합하지 않다고 합리화를 한다.

분석이나 해석을 중요시하는 이들은 타인의 치료 방법에도 이런 저런 참견을 한다. 같은 이야기를 반복하는 것을 들어주면 안 된다고 말한다. 위로하고 용기 주는 일을 무용한 행위로 매도한다. 하지만 환자 입장에서는 반대다. 힘들 때 위로받고 용기를 얻는 것처럼 고마운 일이 없다. 충고나 조언할 때도 마찬가지다. 당사자의 마음을 헤아리고, 고통을 달래주는 것이 우선이다.

누군가의 마음을 안정시켜주고 싶다면, 불안하고 우울한 이에게 마음의 기둥이 되어야 한다. 그러다 보면 불안한 이의 흔들림이 멈출지 모른다. 화가 난 이를 대할 때는 분노하지 말기를 권하기 앞서 공감해야 한다. 쓰러질 듯한 나무에 지지대를 세우면 흔들림이 멈추는 것처럼, 내 편이 있다는 생각이 들면 분노가 가라앉는다. 환자의 감정을 받아낼 수 있는 치료자, 타인의 감정에서 독기를 빼낼 수 있는 치료자, 상대방의 감정을 따뜻하게 바꿀 수 있는 치료자가 좋은 심리치료사라고 생각한다. 집에 불이 나면 일단 물을 끼얹듯이 충고에 앞서 정서적인 장애물을 제거하는 것이 우선이다.

아이들 성적 때문에 심리상담센터를 찾는 부모들이 있다. 심리검사를 해서 아이의 성적이 안 좋은 이유를 탐색한다. 지능검사, 적성검사도 한다. 하지만 더 중요한 일은 정서를 확인하는 것이다. 특히 중학생이 되면서 성적이 급격히 떨어지는 아이들의 심리검사를 살펴보면 분노, 우울, 불안 수치가 상승한 경우가 많다. 이런 아이들의 상당수가 부모의 지나친 훈육에 고통 받고 있다.

초등학생 때까지는 비교적 공부의 범위가 정해져 있다. 부모가 시키는 대로 끝없이 반복하면, 억지로라도 암기할 수 있는 분량이다. 아이에게 소리 지르고, 체벌을 하며 공부시키면 좋은 성적이 나오기도 한다. 이때까지 아이는 열심히만 하면 부모를 만족시킬 수 있다고 믿는다. 부모가 화내는 것은 자신이 잘못해서라고 생각한다. 그리고 어린 아이들은 야단을 맞아도 비교적 금세 잊는다.

그런데 중학생이 되면 달라진다. 공부 범위가 넓어진다. 기억력이 탁월하다면 모르겠지만 보통 아이들이 모든 것을 완벽하게 외우기는 불가능하다. 공포와 불안에 쫓겨 억지로 공부하다 보면 눈으로는 책을 보지만 머릿속에 남지 않는다. 아울러 중학생쯤 되면 부모의 요구가 합리적인지 비합리적인지 정당한지 부당한지 판단할 수 있다. 비합리적이고 부당한 요구를 반복적으로 접하면 결국 화가 나고 우울해진다. 이러한 상황에서 부모가 끝없이 더 나은 성적을 요구하면 자녀는 아무리 열심히 해도 부모를 만족시킬 수 없음을 깨닫는다.

중학생 정도의 나이가 되면 부모에게 체벌을 받거나 욕을 먹으면 그 트라우마가 짧게는 보름, 길게 한 달은 간다. 보름에서 한 달은 뇌가 정지된다고 할 수 있다. 성적이 나쁘다고 아이를 야단치면 칠수록, 때리면 때릴수록 점수가 계속 떨어질 수 있다. 따라서 이럴 때 아이를 혼내는 것을 중단하고, 따뜻하게 위로해야 한다. 이러한 노력이 이어지면 시간이 지나며 아이는 차츰 달라질 것이다.

이는 성인도 마찬가지다. 가정에서든 직장에서든 감정적으로 힘들다면 하는 일이 잘 안 풀리게 마련이다. 억지로 더 열심히 해도 소용이 없다. 무엇보다 감정의 장애물을 제거하는 것이 먼저다.

/ 마음을 대변하는 몸 /

어떤 이들은 상담을 하러 왔을 때 이미 심각해서, 고통 자체를 느끼지 못한다. 스스로 마음을 마취시킨 경우다. 마음의 마취가 풀리는 데는 시간이 필요하다. 살아가다 보면 너무나 괴로울 때가 있고, '감정둔마'라는 증상이 발생하기도 한다. 희로애락, 모든 감정을 느끼지 못하고 멍하다. 웃고 싶어도 웃을 수 없다. 울고 싶어도 눈물이 나오지 않는다.

전신에 화상을 입어 극심한 통증을 느끼게 되면 스트레스가 극도에 달한다. 그럴 때는 어떻게 해서라도 통증을 느끼지 못하도록 해야 한다. 마음도 마찬가지다. 마음이 너무 괴로우면 죽고 싶다. 하지만 한 번 죽으면 다시 살아날 수 없다. 일단 죽음을 피하고 봐야 한다. 그러기 위해서는 어떤 감정도 느끼지 말아야 한다. 이렇게 마음을 마취시키게 된다.

하지만 너무 오랜 시간 마취 상태가 지속되면 후유증이 발생한다.

시간이 흘러 트라우마가 옅어졌더라도 감정을 느끼지 못한다. 그때 누군가가 옆에서 따뜻하게 마음을 녹여주어야 한다. 그 가운데 감정이 되살아난다. 격한 분노, 극도의 슬픔을 느끼게 된다. 다시 원래대로 마음을 마취시키고 싶어질 수도 있다. 하지만 언제까지나 슬픔도, 기쁨도 없는 사막 같은 삶을 살 수는 없다. 기쁨을 느끼려면 슬픔도 느낄 수 있어야 하고, 사람을 느끼기 위해서는 미움도 느낄 수 있어야 한다.

때로는 마음이 아프다 못해 몸이 아픈 이들이 있다. 먼저, 일부러 아픈 척하는 환자들을 살펴보자. 특별한 목적이 있을 때 '꾀병'이라고 한다. 그런데 눈에 띄는 동기와 목적 없이 아픈 척을 하는 경우 허위성장애factitious disorder라고 말한다. 심지어 자신의 몸에 상처를 내기도 하는데, 이렇게 신체적인 징후나 증상을 동반한다면 뮌하우젠 증후군Münchausen syndrome이라고 한다. 환자는 아프다고 하는데 아무리 검사를 해도 진단이 내려지지 않을 때도 있으며 이는 신체형통증장애somatoform pain disorder라고 한다.

아무래도 병명이 밝혀지지 않으면 답답한 나머지 환자 스스로 진단을 내리는 경우가 있다. 주로 만성피로증후군, 섬유근육통 등이 이에 해당된다. 미국에서는 이럴 때 환자가 라임병Lyme disease에 걸렸다고 생각하는 사례도 있다. 라임병은 진드기가 물어서 생기며, 물리고 나서 한 달 내 피부 발진이 돋는 것이 전형적인 증상이다. 초기에 적절한 항생제 치료를 받으면 완치된다. 만약 모르고 지나치면 여기저기 온몸을 옮겨 다니는 통증이 생긴다. 관절염이 반복해서 발생하기도 한다. 온몸이 실제로 아픈데 병원에 가도 진단이 내려지지 않는다면 본인이 예전에 진드기에 물려 라임병에 걸렸지만 몰랐다고 생각하는 것이다.

나는 병도 쓸모가 있다는 말을 자주 한다. 큰 불행을 겪은 뒤부터 이유 없이 몸이 아픈 사람들이 있다. 병원에 가도 병명이 밝혀지지 않는다. 주위에서는 아무 이상 없으니 안심하라고 한다. 하지만 감당할 수 없는 심리적 고통 때문에 신체의 고통을 호소하는 이에게 이상이 없다고 말해서는 도움이 안 된다. 아픈 것은 아픈 것이다. 아무리 논리적으로 설명을 해도 환자는 받아들이지 못한다.

치료자가 심리적인 이유 때문에 몸이 아픈 것이라고 하면 이를 바로 인정하는 환자는 드물다. 자신이 아플 이유가 없다는 것이다. 검사 결과에 이상이 없으니 걱정하지 말라고 해도 소용없다. 심리적 이유로 몸이 아프다고 해석을 해도 마찬가지다. 그런 경우 다리가 아프던 것이 어지럼증으로 바뀌고, 어지럼증이 복통으로 바뀌기도 한다. 하지만 이러한 아픔에는 의미가 있다. 심리적 고통을 그대로 감당하자니, 죽을 정도로 괴롭다. 마음의 고통을 감당할 수 없게 되면 몸이 대신 아픈 것이다. 몸이 아프면 마음의 고통에 신경 쓸 여유가 없다. 이럴 때 심리적 고통을 육체적 고통으로 전환하는 것이다. 있는 그대로 이야기를 잘 들어주고 위로하는 시간이 필요하다. 굳이 스트레스와 육체적 증상을 연결시키지 말고 그저 환자의 스트레스를 줄여주는 것이 좋다.

　고통을 겪는 이에게 좋은 충고를 하고 싶다면 상대방의 상처를 보
듬는 능력을 길러야 한다. 일단 상대가 새겨진 마음의 문신을 지워
야 타인에게 '나'를 드러낼 수 있다. 이를 도우려면 나의 마음이 물
처럼 작용해서 상대방 마음속의 문신을 닦아내야 한다.

/ 귀 기울임의 마법 /

　목이 마른 사람에게는 물이 가장 좋은 약이다. 갈증으로 죽어가는
사람에게 물 대신 아무리 좋은 보약을 줘도 소용이 없다. 누군가 고
민을 가지고 온다면 당연히 마음이 괴로운 상태인 것이다. 마음이
괴로우면 생각이 잘 흐르지 않는다. 상담자가 아무리 좋은 해결책을
제시해도 우물쭈물할 뿐, 실행으로 이어지기 힘들다.

　상황이 반복되면 옆에서 도움을 주려던 사람도 짜증이 날 수 있
다. 매번 같은 이야기를 하니, 매번 같은 충고를 한다. 쓸데없는 일
을 하는 것만 같다. 하지만 그렇지 않다. 괴로운 사람에게 가장 중요
한 것은 누군가에게 무엇인가를 '이야기한다'는 행위다. 자신의 고
통에 누가 귀 기울여준다는 것 그 자체가 괴로운 이에게는 한 모금
의 물이 된다.

　만약 상대방이 말없이 듣기만 하면, 말하는 이의 입장에서는 그

사람이 무슨 생각을 하는지 알 수 없다. 나만 이야기하고 있고, 상대방이 반응하지 않으면 왠지 허무하다. 상대방이 해결책을 제시하려고 노력하는 모습에서 나의 말을 귀담아듣는다는 의미를 찾는다. 사실 충고의 내용은 크게 중요하지 않다. 들어주고 문제를 같이 고민하는 상대에게 이야기한다는 자체가 중요하다. 여기에 그 조언이 합리적이어서 서로 납득한다면 금상첨화인 것이다.

자녀가 무슨 이야기를 하면 항상 큰일 난 것처럼 반응하는 부모가 있었다. 자녀는 부모에게 고민을 말하면 해결은커녕 오히려 일이 커진다는 것을 깨닫게 되었다. 그다음부터 고민이 있어도 더 이상 부모에게 말을 안 하게 되었다. 그럴수록 부모는 무슨 일이 있는지 캐물었고, 자녀는 점점 더 입을 꾹 다물 뿐이었다.

불안이 심해 아내가 걱정거리를 이야기하면 어쩔 줄 몰라 하는 남편이 있었다. 아내가 힘들다고 하면 남편은 큰일이 나면 어쩌나, 하는 생각이 먼저 들어 위로할 겨를이 없었다. 어쩌다가 이렇게 되었느냐고, 속사포처럼 아내에게 질문을 퍼부었다. 그저 지켜보면 될 일도 당장 해결하라고 아내를 닦달했다. 그러다 보니 아내는 힘든 일이 있어도 더 이상 남편에게 말하지 않게 되었다. 아내가 다른 이에게 이런저런 고민을 상의하면 왜 자신에게 말을 하지 않고 남에게 이야기하느냐고 따지곤 했다. 하지만 그럴수록 아내는 남편에게 말을 꺼내기가 귀찮고 두려워졌다.

위의 두 사람의 예를 보았듯, 사람들에게는 각기 크기가 다른 마음의 그릇이 있다. 그런데 자신의 그릇 크기를 제대로 아는 사람들은 많지 않다. 본인의 그릇은 얕은 접시인데, 누군가에게 자신을 찾아와서 마음껏 목을 축이라고 해도 소용이 없다. 자신은 상대방에게 도움이 될 수 있다고 믿지만 상대방은 전혀 그렇게 생각하지 않는다. 자신의 마음 크기가 자그마한 컵이라면 타인에게 충분한 용기를 줄 수 없다. 작은 국그릇에 담긴 물로는 누군가의 마음을 씻어줄 수 없는 것이다.

같은 말, 같은 위로, 같은 충고도 내 마음의 그릇에 따라 상대방에게는 다르게 느껴진다. 마음이 간장종지만 한 이가 아무리 똑똑한 이야기를 하고, 아무리 칭찬을 하고, 아무리 공감을 해도 상대방의 마음을 움직이기 어렵다. 하늘만큼 땅만큼 넓은 마음을 지닌 이가 있다면 그의 마음속에 들어가 헤엄을 치면서 자유를 만끽할 수 있다.

치료자들은 환자에게 변화하라고 말한다. 하지만 막상 그의 삶은 어떠할까? 부모와의 관계, 배우자와의 관계, 자녀와의 관계, 동료와의 관계에서 치료자 본인도 잘 바꾸지 못한다. 몰라서가 아니다. 두려워서다. 따라서 환자가 진정 변화하기를 원한다면 용기를 주어야 한다. 실수를 하더라도 잘했다고 칭찬을 건네는 것이 필요하다. 일단 환자가 선택을 하면 그 선택이 최선이라고 믿어주어야 한다. 적어도 치료자만큼은 늘 환자의 편이 되어야 한다. 그런 가운데 환자는 서서히 바뀐다.

절대로 속지 않는 명석한 치료자보다는 때때로 속아주는 이가 환자에게는 더욱 도움이 된다. 인간은 무지해서 변화하지 못하는 것이 아니다. 마음의 힘이 빠지면 기진맥진해서 꼼짝도 못할 뿐이다. 그럴 때 위로가 필요하다. 충고의 내용보다 중요한 것은 내가 누군가의 두려움을 덜어준다는 행위 그 자체에 있다.

02

스스로를 속이는 질문

상대방이 '거짓 문제'로 고민한다면, 아무리 함께 머리를 맞대도 해답을 구할 수 없다. 먼저 올바른 문제를 제시하도록 돕고 나서 풀어가는 것이 필요하다. 누군가 거짓 문제에 대한 해답을 물어올 때 처음부터 진짜 문제를 들이밀면 상대방이 나가떨어지는 수가 있다. 누군가가 거짓 문제에 사로잡히는 것도 나름대로 이유가 있기 때문이다.

만약 정말 몰라서 진짜 문제를 못 보고 있다면 알려주면 된다. 하지만 회피하고 싶은 감정 때문에 거짓 문제에 머무른다면 진짜 문제에 당면할 용기를 주이야 한다. 용기는 위로와 신뢰에서 나온다. 따라서 거짓 문제라는 것을 뻔히 알더라도 처음에는 상대방의 질문에 진지하게 대답해야 한다. 고민에 공감도 해야 한다. 그렇게 반복적으로 대하다 보면 해답도 없는 물음을 반복하는 것에 대해 스스로 답답하게 여기게 된다. 한 이야기를 또 하고, 또 하는 것이 미안하기도 하다. 그때 진짜 문제를 제시해야 한다. 신속하게 진짜 문제를 꺼내면 안 되는 것이다.

/ 질문일까 주장일까 /

질문인지, 주장인지 구분이 안 되는 이야기를 하며 충고를 구하는 이들이 있다. 강의를 하다 보면 이런저런 질문을 받는다. 정말 몰라서 묻는 이가 있는가 하면 질문의 형태로 자기주장을 하는 경우도 있다. 몰라서 하는 질문에는 친절하게 답을 하면 된다. 그런데 질문도 아니고 의견도 아닐 때는 대처하기가 쉽지 않다. 이런 문의는 보통 "어떻게 생각하십니까?"로 끝난다. 때로는 이렇게 답할 수도, 저렇게 답할 수도 없는 고약한 상황으로 강연자를 몰아넣기도 한다. 일종의 함정에 빠진 것이다.

충고를 해달라는 이들 가운데 다음과 같은 유형이 있다. 질문자가 장황하게 이야기를 하다가 종종 줄거리를 잃는 것이다. 묻는 이가 스스로 던진 질문을 제대로 이해하지 못한 상태인데, 이에 대해 내가 열심히 답변을 하면 여기에 질문자가 말을 덧붙이며 또다시 같은 내용을 길게 말하기도 한다. 그렇기 때문에 우선 질문을 요약해서 이야기한다. 그리고 질문이 내 의견을 묻는 것이라면 나는 반대로 질문자의 의견을 물어본다. 곤란한 질문을 던지는 이들 가운데 일부는 자기 의견을 이야기하기를 회피한다. 이렇게 방어적인 사람이라면 자신이 원하는 대답을 듣지 못할 때 연자를 끝까지 물고 늘어질 가능성도 있다.

이럴 때, 나는 그 질문에 대해서 어떻게 생각하는지 청중에게 묻는다. 손을 드는 이가 없으면 앞자리에 앉은 청자를 지목하기도 한다. 이렇게 몇 명의 이야기를 듣다 보면 의견이 모아진다. 그러면 나는 그 의견을 취합해서 갈음한다.

질문이 민감한 사안이라면 즉석에서 거수로 투표한다. 현장에 있는 이들이 어떻게 생각하는지 파악하는 것이다. 이를 집계한 뒤 질문을 던진 이에게 함께 이야기를 들은 사람들은 이렇게 생각한다고 알려준다. A라는 의견과 B라는 의견이 거의 비슷한 비율을 차지하면 나 역시 어느 쪽이 더 옳은지 판단하지 못하겠다고 대답한다. 질문을 던진 이가 또다시 이의를 제기하면 그때부터는 문제를 제기한 사람과 청중 사이에 토론을 유도한다. 분위기가 격앙되면 자리를 정리하고 마무리한다. 그래도 질문자가 납득하지 못하고 다시 이야기를 꺼내는 경우 보통 청중 가운데 누군가가 나서 의사 진행 발언을 해주기도 한다.

어찌해야 할지 모르겠다고 도움을 청하면 도와주고 싶은 것이 인지상정이다. 하지만 일장연설을 늘어놓고 나서 소위 '답정녀' 자세로 충고를 해달라는 이를 대하면 짜증이 날 수밖에 없다. 또한 힘들지 않은 척하면서 충고를 바라는 이도 있다. 이럴 때는 차라리 조언하지 않는 편이 낫다. 아무리 열심히 말해도 상대방의 귀에 들어가지 않는다.

/ 바른 질문에 따르는 좋은 조언 /

때로는 의식과 무의식이 다른 경우도 있다. 앞서 언급했듯 마음이 아파서 결국 육체적인 고통을 겪기도 한다. 그 고통은 실제로 몸이 아팠을 때와 똑같다. 따라서 아픈 것은 있는 그대로 인정해주자. 신체에 문제가 없다면 결국 심리적으로 문제가 있다는 뜻이다. 환자가 이러한 문제를 인정하면 죽고 싶어지거나 절망 때문에 무너져 내릴지 모른다. 병이 아니라고 설득하기 전에 아프지만 살아갈 수 있게 도와주는 것이 필요하다.

본인은 어떻게 하면 통증이 나을지 묻는다. 하지만 이 사람은 낫고 싶지 않다. 아직 더 고통 받아야 한다고 생각한다. 그렇기 때문에 해답이 없다. 그렇다고 지금 당장 그에게 "당신은 실제로 몸이 아픈 게 아니라 마음이 아픈 겁니다"라고 정답을 주는 것이 지혜로운 답만은 아니다. "어떻게 해야 안 아플까요?", "내 몸에 어떤 이상이 있는 것일까요?"라는 거짓 질문에 아무리 열심히 대답을 한들 역시 도움이 되지 않는다. 언젠가 이 사람이 "혹시 내가 아픈 것이 심리적인 이유 때문은 아닐까요?"라고 올바른 질문을 던질 때 열심히 답하면 된다.

옆에서 보면 도저히 이해가 되지 않는 행동을 하는 이들이 있다. 쓸데없는 물건을 사거나 도움이 안 되는 사람을 만난다. 하지만 병도 나름의 이유가 있었듯이 인간의 모든 말과 행동에는 다 이유가 있다. 무조건 소용없다고 설명하고 말리기 전에 우선 위로하고 용기를 주자.

이 세상에서 가장 비극적인 일은 죽는 것이다. 죽음을 피할 수 있다면 타인이 보기에 아무리 바보 같은 행동이라도 일단 하고 봐야 한다. 절망에 빠져 아무것도 못하는 것보다는 뭐라도 해서 일상을 유지해야 한다. 삶을 이어갈 수 있다면 그 대가로 어리석은 짓을 해도 된다. "바보 같은 행동을 멈추고 싶은데 어떻게 해야 하지요?"라는 거짓 질문이라면 역시 도움을 줄 수 없다. 나중에 이 사람이 "내가 이렇게 엉뚱한 행동을 하는 데는 나도 모르는 다른 이유가 있는 것은 아닐까요?"라고 제대로 된 질문을 던질 때 성의껏 대답을 하면 된다.

/가장 좋아하는 일/

취미를 가지고 싶은데 어떻게 해야 할지 막막하다고 묻는 이가 있었다. 처음부터 좋은 취미를 가져야지 다짐하면 오히려 어렵다. 일단 무엇이든 시도해보고 그것이 마음에 들면 이어가고, 마음에 들지 않으면 다른 것을 찾아도 된다. 취미라는 것은 남이 뭐라고 하든 내가 재미있어야 한다. 일은 억지로 할 수도 있다. 하지만 취미마저 그렇게 한다면 인생에 도움이 되지 않는다.

사람들은 타인에게 이것이 좋다, 저것이 좋다 권하기도 한다. 그러다 보니 솔직히 별로 당기지 않지만 남의 권유로 무리하는 경우가 있다. 등산을 좋아하지 않지만 가기도 하고, 뮤지컬 보는 것을 좋아하지 않는데 공연에 참석할 때도 있다. 물론 상대방을 배려하는 차원에서 어느 정도는 함께할 수 있다. 하지만 진정한 취미가 되기는 어렵다.

마찬가지로 고상하고 그럴싸해 보이는 취미에 집착하는 일도 좋지 않다. 지나치지 않으면 온라인게임도 좋다. 사진을 찍어서 SNS에 올리는 것도 좋지 않은가. 하루 종일 웹툰 보는 것도 좋은 취미다. 하지만 누가 취미를 물었을 때 온라인게임, SNS 포스팅, 웹툰 감상이라고 말하려면 왠지 불편하다. 그러다 보니 악기 연주, 등산, 운동, 독서, 화분 가꾸기, 봉사활동 등 바람직한 것이어야 한다는 편견에 사로잡히기도 한다.

적당한 음주를 즐기는 이 역시 와인 시음이 아니라, 금요일마다 맛있는 삼겹살집에서 소주 한잔하는 것이 취미라고 말하기를 주저한다. 하지만 일주일에 한 번쯤 친구들과 모여서 소주 마시는 것도 좋은 취미다. 적어도 취미 생활만큼은 남들을 신경 쓰지 말아야 한다. 즐겁고, 지속적으로 즐기는 활동이 가장 좋다. 따라서 "어떻게 해야 건전한 취미 생활을 할 수 있을까요?" 같은 거짓 질문에는 답이 없다. "내가 가장 좋아하는 것이 무엇일까요?" 같은 제대로 된 질문을 상대방에게 알려야 한다.

누군가 거짓 문제에 대해 조언을 구할 때면 아무리 열심히 대답해도 소용이 없다. 일단 '충고하지 않는 것'이 하나의 방법이다. 때로는 거짓 문제임을 뻔히 알면서도 진지하게 대하는 척해야 할 때도 있다. 바보 같은 질문이라도 성실하게 대답해서 신뢰를 구축해야 할 때도 있다. 거짓 문제에 대해 반복해서 조언을 구하다 보면 언젠가 그 사람도 깨닫게 마련이다. 그 시점에 신뢰가 구축되어 있다면, 충고하기 전에 거짓 문제를 올바른 질문으로 바꿔서 제시하면 좋다.

03

조언의 자격

흔히 '충고' 하면 내용이 중요하다고 생각한다. 하지만 솔직히 말한다면, 누군가 나에게 이런저런 이야기를 했을 때 그대로 받아들이는 경우는 거의 없다. 오히려 '당신부터 잘하라'는 말이 목구멍까지 올라올 때가 더 많지 않은가? 사실 내가 다른 사람에게 하는 충고를 막상 스스로도 실천하지 못할 때가 더 많다. 자신이 해내지 못하는 일을 남에게는 잘도 말하는 게 인간인 것이다. 실상이 그렇다 보니, 충고나 조언을 할 만한 자격을 갖춘 사람은 극히 드물다.

/ 잔소리와 조언 사이 /

아이들이 가장 싫어하는 것이 술 취한 부모가 인생에 대해 충고하는 말이다. 당사자는 자신이 얼마나 취했는지 모른다. 아무리 좋은 말도 술에 취한 부모가 하면 아이들에게 가 닿지 않는다. 오히려 그 말이 올바르면 올바를수록 더욱 화가 난다. 말과 행동이 다르기 때문이다.

같은 말도 부모가 충고한다면 잔소리로 들릴지 모른다. 하지만 유명한 벤처 사업가가 했을 때는 금과옥조 같은 말이라고 여기기도 한다. 우리는 모두 누군가에게 충고할 만한 '자격'을 갖추었다고 생각한다. 하지만 그 조언을 억지로 듣는 사람은 그렇게 생각하지 않을 것이다. 말하는 이가 해당 분야의 전문가가 아니라면, 상대방은 권위를 인정하지 않을 수 있다. 평소에 누구에게나 존경받을 모범적이고 윤리적인 삶을 실천해오지 않은 이상 인생에 대해 충고하지 않는 것이 바람직하다. 내가 평소에 공정하고 헌신적으로, 지속해서 누군가를 대하지 않았다면 그 사람에게 충고하지 않는 것이 최선이다. 대신 위로해주자. 충고하는 대신 용기를 주자. 차라리 밥을, 술을 사주자. 조언 대신 용돈을 주자.

때로는 자신이 늘 다른 사람에게 도움이 된다고 생각하는데 도리어 해를 끼치는 것일 수 있다. 인간은 누구나 자기가 타인에게 도움이 된다고 믿으며 살기 때문이다. 이런 경우, 너무나 비극적이다. 본

인은 주위 사람들을 위한다고 생각하면서 온 정성을 다하지만 아무
도 고마워하지 않는다. 오히려 괴롭다고 여길 뿐이다. 스스로 이를
인정하기란 쉽지 않다. 하지만 이런 상황이 이어지면 삶이 점점 어
그러져갈 뿐이다. 괴롭더라도 인정하고 무의미한 충고, 간섭, 잔소
리를 중단해야 한다.

직장에서도 마찬가지다. 상대방이 나를 무능력하고 몰인정한 상
사로 생각한다면 아무리 좋은 조언을 해도 소용이 없다. 그렇다면
상대방 입장에서 '이 사람은 충고할 만한 자격이 있다'고 인정하기
위해서는 어떠해야 할까? 가장 먼저 듣는 이의 입장에서 생각해봐
야 한다. 충고하는 이가 이익을 줄 수 있거나, 자기편이라고 여겨지
거나, 자신과 통하는 사람이거나, 평소에 자신에게 제대로 된 관심
을 보여줬을 때 조언에 대해서 그나마 귀담아 듣게 된다.

나에게 어떤 이익을 줄 것인가?

사람들은 누군가가 자신에게 이익을 줄 수 있다는 생각이 들 때,
그를 달리 본다. 그리고 그 사람의 말이라면 기꺼이 듣게 된다. 좋은
아이디어가 있다. 그런데 나에게 투자를 할지 모를 사람이 이런저런
의견을 내면 귀담아듣게 마련이다. 하지만 실질적인 이익을 줄 수
없는 이가 하는 조언이라면 흘려듣기 쉽다. 게다가 나에게 손해를
주는 사람이라는 생각이 들면 그가 뭐라고 말할 때 거부감부터 들지
않겠는가.

내 편이 되어줄 것인가?

회사에서 어떤 부서장이 부서원들에게 위험을 감수하도록 강요한다고 치자. 위험에 처했을 때 자기편이 되어줄 것 같지 않은 경우, 부서원은 부서장을 위해서 움직이지 않을 것이다. 위기 상황에 책임을 넘기지 않고 내 편이 되어줄 거라는 확신이 있을 때 부서원은 부서장을 위해서 일을 한다. 내 편이라는 생각이 들지 않는 직장 상사나 선배가 충고를 하면 듣고 싶지 않은 것이 당연하다. 사람들은 상대방이 내 편이라는 생각이 들 때 귀 기울인다. 그렇지 않은 사람이 건네는 충고라면 오히려 경계하게 된다.

나와 통하는 사람인가?

인간은 자신과 비슷한 사람을 좋아한다. 나에게 이익이 되거나 내 편이라고 생각할 때보다는 덜하지만 그래도 자신과 통하는 것이 있다고 여길 때 충고가 귀에 들어온다. 누군가에게 조언하고 싶다면 먼저 공감대를 형성하기 위해 노력해야 한다. 영화, 음식, 여행지 등 무엇이든 상관없다. 한 가지라도 통하는 것이 있다면 그 사람을 대하는 태도가 조금은 달라지게 된다.

무엇보다 중요한 것은 성격이 맞는지의 여부다. 내가 거침없이 결정하는 편이라면 소심한 이의 만류는 소용이 없다. 내가 매사에 신중한 경향이 있다면 먼저 일을 저지르고 보는 이가 적극적으로 부추겨도 소용이 없다. 하지만 나와 통하는 사람의 충고라면 아무래도 귀 기울이게 된다.

나에게 관심이 있는가?

누군가 나에게 관심을 가진다는 것을 인식하면 나 역시 상대방을 의식하게 된다. 상대방이 나에 대해서 어떻게 생각할지 한 번 더 헤아리게 된다. 특히 칭찬 같은 긍정적인 관심은 상대로 하여금 존중받는다는 느낌을 가지게 한다. 질책과 같은 부정적인 관심도 일정 부분 작용하는데 사람들이 긴장의 끈을 놓지 않게 한다. 잘했을 때는 칭찬을 건네고 잘못했을 때는 질책하는 것이 가장 교과서 같은 조언이다. 하지만 인간은 아무래도 질책에 더 민감하다. 따라서 쓴소리에 해당되는 충고를 받아들이게 하려면 평소에 칭찬을 많이 건네야 한다. 평소에 칭찬도 질책도 없이 무관심한 경우 막상 발등에 불이 떨어져서 상대방에게 뭔가를 요구하면 귓등으로도 듣지 않을 것이다.

충고에 앞서 상대방이 내가 조언할 자격이 있다고 생각하는지부터 고민해야 한다. 내가 상대방에게 주는 이익이 없고, 상대방이 내가 자기편이 아니라고 여기고, 상대방과 내가 통하는 것이 없으며 평소에 내가 그 사람에게 관심이 없었다면 충고하지 않는 것이 차라리 낫다.

귀 기울임의 미학

04

사람 바라보기

성공하기 위해서는 강점을 살려야 한다는 말이 있다. 인간은 잘하는 것을 더 열심히 하게 마련이다. 노력해도 약점이 강점이 되기는 어렵다. 사회생활을 할 때 추진력이 강점이라면 이를 살려야 하는 것이다. 하지만 사적인 영역에서는 그렇지 않다. 자신의 장점이 똑똑한 것이라고 생각하는 사람은 모든 일을 이성적으로 판단하게 된다. 그러다 보면 타인의 감정을 배려하지 않을 수 있다. 만약 사람들과 틀어진다면 다음에는 좀 더 신중하게 대해야겠다고 다짐할지 모른다.

하지만 문제는 이성이 아니다. 이미 충분히 많이 생각하고 있다. 지나치게 생각만 하고 감정을 배제하는 것이다. 절름발이 마음을 지넜다고 할 수 있겠다. 긴 다리에 해당되는 '생각'은 자꾸 발달하고, 짧은 다리에 해당하는 '감정'은 그 자리에 머문다면 마음의 걸음걸이는 더 엉망이 된다. 반대도 마찬가지다. 지나치게 감정적인 사람은 문제가 발생하면, 이미 충분히 화를 내고 있는데 다음에는 더 강하게 나가야겠다고 다짐한다. 또 어떤 이는 이미 충분히 양보하고 있는데 다음에는 더 양보해야겠다고 생각한다. 이들에게 필요한 것은 아무것도 하지 않는 태도다.

/ 마음의 균형 잡기 /

익숙한 대로만 하려는 것이 인간의 본능이다. 그러다 보면 마음의 불균형은 더욱 심해질 뿐이다. 인생에 태클을 거는 약점을 해결하기 위해서는 마음을 살펴야 한다. 그래야 마음이 똑바로 길을 찾을 수 있다. 상대방이 구체적인 충고를 원한다고 해도 마음에 불균형이 깊이 자리했다면 그는 그 어떤 조언도 실천해낼 수 없다. 이런 경우는 상대방이 원해서 충고를 건네더라도 따라줄 것이라고 크게 기대하지는 말자.

마찬가지로 애초에 들을 생각이 없는 이에게 충고해봐야 소용이 없다. 고등학교 3학년인 자녀를 둔 한 부모를 예로 들어보자.

부모는 자녀가 고등학교 2학년 때까지 최소한 서울에 있는 대학에 가야 한다고 자녀를 닦달했다. 그러면서 A 대학에 못 가면 취직도 못하고 인생이 엉망이 된다고 반복해서 말했다. 그러다 보니 자녀의 머릿속에는 애초에 부모가 기대했던 대학에 가지 못하면 어디를 가나 마찬가지라는, 자포자기가 싹트게 되었다. 자조적인 생각에 빠지기도 했다.

그런데 자녀가 고등학교 3학년이 되어서 입시가 눈앞에 닥치자, 부모는 현실을 인정하고 아이의 실력에 맞는 과를 알아보기 시작했다. 그리고 취업이 잘되는 과를 열심히 권했지만 자녀는 전혀 귀 기울이지 않았다. '모 아니면 도'라는 이분법적 사고에 사로잡혀버린 것이다.

부모들은 마음이 급하다. 아이가 성적이 좋으면 좋은 대로, 나쁘면 나쁜 대로 고민이 많다. 내신이 좋지 않고 수학능력시험의 성적도 크게 기대할 수 없을 때 수시 지원에 희망을 걸게 된다. 위의 예처럼 부모가 대학과 학과를 알아보고 알려주어도 자녀가 전혀 준비하지 않는 경우가 있다. 자녀가 애초에 그 대학의 그 학과에 갈 생각이 없기 때문이다. 이런 상황은 자녀가 성인이 되어서까지 반복되기도 한다. 우리는 모두 어떤 측면에서는 돈을 벌고, 먹고살기 위해 일을 한다. 하지만 사람은 저마다 하고 싶은 일이 있다. 같은 돈을 번다면 원하는 일을 하고 싶은 것이다.

가만히 내버려두었으면 하는데 옆에 와서 충고하는 이들이 있다. 몰라서 안 하는 것이 아닌데 계속 이렇게 하라고, 저렇게 하라고 말한다. 잘되라고 조언하는 이의 입장에서는 무슨 말을 하든지 상대방이 무조건 거부한다면 서운할 수 있다. 하지만 실질적인 도움은 주지 않으면서 이렇게 해봐라, 저렇게 해봐라 말만 한다면, 듣는 입장에서는 짜증이 날지 모른다.

/ 분노에 찬 이에게 /

극심한 스트레스를 받으면 누군가 옆에 있다는 것 자체가 또 다른 스트레스가 된다. 그럴 때는 아무 말 없이 잠자코 있는 것이 최선이다. 만약에 아무것도 하지 않는 게 힘들다면 사라져주는 일도 도움이 된다. 하지만 그러지 못하는 이들이 있다. 뭔가 해야만 성이 풀린다. 없어지는 것이 가장 도움이 된다는 말은 내가 상대방에게 필요하지 않다는 뜻이다. 자신의 가치가 없어진다고 생각하고 이를 인정하기 싫은 것이다.

그리고 분노 때문에 이성을 잃은 이에게 아무리 정성 들여 충고해도 소용없다. 누군가를 미워하고 무시하고 원망하지 않으면 미칠 것 같은 상황이다. 아무리 좋은 이야기를 해도 삐딱하게 받아들인다. 이런 사람에게 조언을 하는 건 먹잇감을 던져주는 것이다. 고마워하기는커녕 이상하게 비꼬아서 좋은 마음으로 말을 건넨 사람의 기분 역시 엉망으로 만든다. 이럴 때는 역시 아무것도 안 하는 게 가장 도움이 된다. 하지만 쉽지 않다. 인간은 가능하면 타인에게 도움이 되고 싶어 한다. 그리고 고맙다는 말을 듣길 원한다. 감사의 표현까지는 아니더라도 최소한 인정해주기를 바란다. 그렇기 때문에 본인이 아무것도 안 하는 게 최선인 상황을 받아들이기란 쉽지 않다.

때로 작정을 하고 상대방의 원망을 받아내는 심리적 샌드백이 되어주는 것이 도움이 되기도 한다. 예를 들어 일이 안 풀리면 자식은 부모를 원망한다. 부모가 받아주지 않으면 원망할 다른 대상이 필요하다. 하지만 잘못한 것이 없는데 적반하장으로 나오는 상대방에게 넘어가줄 사람은 어디에도 없다. 부모니까 참는다. 이럴 때는 자식이 부모 탓을 하게끔 내버려두는 것이 가장 큰 도움이 된다. 말을 건넬수록 자녀의 분노만 더욱 거세진다. 부모만이 참아낼 수 있는 일이 존재한다.

누군가의 원망을 받아내는 마음의 샌드백이 되는 일을 기꺼이 받아들이는 이는 아무도 없다. 하지만 세상은 늘 뜻대로 되지 않는다. 이것만큼은 어떻게든 피하고 싶더라도 어떤 경우에는 누군가의 비난을 감수해야만 하는 상황이 있다. 물론 억울할 것이다. 그렇지만 어쩌면 나의 인내가 누군가에게는 꼭 필요한, 큰 도움이 되고 있을지도 모른다.

/ 사람 바라보는 법 /

충고하기 전에는 꼭 상대방이 어떤 사람인지를 살펴보자. 이론적으로는 성격이 급한 사람에게는 차분히 생각해보라고 하고, 우유부단한 이에게는 결단을 내리라고 해야 한다. 하지만 성격이 급한 이에게는 차분히 생각하라고 충고를 해도 받아들이지 않는다. 우유부단한 이에게 결단을 내리라고 충고해도 심리적 압박을 느낄 뿐이다. 이럴 때 필요한 것은 충고가 아니라 공감이다. 잘되었으면 한다는 말로 용기를 주자.

반대의 경우를 생각해보자. 성격이 급한 이가 새로운 일을 하고 싶어 한다. 그런데 내가 보기에도 그 일이 괜찮다면, 한번 해보라고 하면서 구체적인 방법에 대해 조언을 건네면 좋다. 일을 벌이기 좋아하는 이라면 이 말에 틀림없이 귀 기울일 것이다. 겁이 많고 우유부단한 이에게 어떤 일을 해보라는 제의가 들어왔다. 하지만 내가 보기에 안 하는 것이 낫다면, 불확실한 일에 손대지 말라고 조언하자. 이를 받아들여서 유혹을 뿌리칠 것이다.

또 한 가지, 충고를 하기에 앞서 상대방의 능력을 살펴보자. 흔히 물고기를 주는 대신 낚는 법을 알려주라고 한다. 하지만 낚시에 재능이 없는 이에게 아무리 잘 낚는 법을 알려줘도 소용없다. 즉 상대방이 실행할 능력이 없을 때는 아무리 좋은 이야기를 해도 변하지 않을 것이다.

귀 기울임의 미학

마지막으로 상대방의 마음 상태 역시 중요하다. 위기에 몰려 극도의 두려움에 휩싸인 이에게는 이런저런 충고를 해도 들리지 않는다. 쉴 곳을 제공하는 것이 우선이다. 당장 돈이 없어서 곤경에 처한 이에게 '길게 보면 전화위복이 될 것'이라고 말해도 소용없다. 일단 저녁이라도 한 끼 사주는 것이 필요하다.

05

말보다 앞서야 하는 것

부모 가운데 아이에게 화를 내고 심지어 때리기도 하면서 '너를 위해서다'라고 말하는 이들이 있다. 아이를 사랑해서였다고 한다. 아동학대로 경찰 조사를 받는 이들의 상당수가 훈육이라고 주장한 다. 하지만 인간이 누군가에게 욕을 하고, 때릴 때는 화가 나서다. 사랑하기 때문에 화를 내고, 욕을 하고, 때린다는 것은 말이 안 된 다. 또한 사랑하기 때문에 굶기고, 옷을 갈아입히지 않아 악취가 나 게 만든다는 것도 말이 안 된다. 사랑한다는 말보다 더 중요한 것은 제때 밥을 먹이고, 씻기고, 화내지 않고, 때리지 않는 행동이다. 말 보다 행동이 더 중요하고 진실하다.

/ 믿음을 얻기 위해 /

타인에게 충고를 해야 한다면 그에 앞서 행동을 통해 믿음을 사야 한다. 그런데 인간이 누군가의 믿음을 얻는 데는 ① 반응성, ② 진정성, ③ 공정성, ④ 정직성이 관여한다. 이 네 가지 모두 말이 아닌 행동으로써만 획득할 수 있다.

첫째, '반응성'은 상대방의 요구에 내가 얼마나 적절하게 대응하느냐다. 회사를 한번 살펴보자. 사장이 아니라면, 나의 상사에게도 그 위에는 상사가 있는 구조다. 중간 관리자에게 그보다 직급이 높은 이가 부하 직원들의 요구를 묵살하라고 지시하는 경우가 있다. 그런데 윗사람의 뜻만 반영하여 직원들의 의견을 무시하다 보면 결국 신뢰를 잃는다.

집에서도 마찬가지다. 중고등학생 자녀가 뭐라고 말하든 부모의 대답은 대개 정해져 있다. 놀지 말고 공부하라는 것이다. 아이가 하고 싶은 일에 대해 이야기하면, 대학 가서 하라고 말한다. 아이가 남들이 걷지 않는 길을 가겠다고 하면, 돈이 안 된다고 한다.

고민을 어떤 방식으로 이야기해도 답은 정해져 있기에 아이들은 부모에게 말을 하지 않는 것이 최선이라고 생각한다. 부모는 조언을 하면 아이를 바꿀 수 있는데 서로 대화하는 시간이 부족해서 아이들이 자신의 뜻대로 움직이지 않는다고 생각한다. 하지만 부모가 원하는 대화 방식은 자신이 하고 싶은 이야기를 하고 아이는 고개를 끄덕이는 것이다. 아이가 하고 싶은 말을 하고 부모는 네가 맞는다고 끄덕이는 것을 원하는 바가 아니다.

부부 사이에도 마찬가지다. 무슨 말을 하든 서로의 대답은 정해져 있다. 본인은 충고한다고 착각하지만 상대는 이미 다음에 어떤 말이 나올지 다 파악하고 있다. 따라서 틀에 박힌 조언을 하기 전에 상대방이 하는 말의 내용을 경청하고 감정, 분위기에 맞춰서 세심하게 반응해야 한다. 그리고 그 반응은 눈에 보이는 형태가 좋다. 아무리 마음속으로 이런저런 생각을 해도 말이나 표정으로 표현하지 않는 한 상대방은 알 수 없다. 평소 상대방의 요구에 적절한 타이밍에 적절한 내용으로 반응하지 않았다면, 막상 본인이 원할 때 원하는 것을 말해도 아무 소용이 없다.

둘째, '진정성'은 상대방의 지시, 충고, 말이 나에게 도움이 된다고 느껴질 때 생긴다. 상대방에게만 좋고 나에게는 불리한 충고는 흘려듣게 마련이다. 상대방의 즐거움을 빼앗고 고통만 주는 충고 역시 그렇다. 상대방을 인정하는 가운데 조언을 해야 한다. 고통과 인내만을 강요하는 충고는 통하지 않는다. 평소에 내가 상대방에게 도움을 주고자 한다는 측면에서 신뢰를 얻도록 행동해야 충고 역시 받아들여진다.

누군가에게 충고를 건넬 때 가장 중요한 것이 진정성이다. 논리적으로 합당하더라도 '나를 위한다'는 느낌이 없으면 상대방은 받아들이지 않는다. 결론적으로 맞더라도 잘난 척하면서 말하는 경우 상대방은 거부감을 느낀다. 따라서 가장 먼저 '내가 진정 당신을 돕고자 한다'는 것을 전달해야 한다. 하지만 이 진심은 아무리 말로 해도 와 닿지 않는다. 나로서는 상대방을 위해 시간을 쓰고 있으니, 그것만 으로도 희생이라고 생각할지 모른다. 하지만 상대방은 그것을 당연 히 여길 수 있다.

인간은 참 이상하다. 누군가가 나와 시간을 보내는 것을 당연히 여길 때가 있다. 하지만 밥을 사주거나, 선물을 주거나, 용돈을 준 이는 잘 잊지 않는다. 만약 누군가에게 충고를 꼭 받아들이게 하고 싶다면 무언가를 해주어야 한다. 물질과 마음이 같이 갈 때 좋은 충 고다.

셋째, '공정성'이 중요하다. 공정하기 위해서는 일관성이 있어야 한다. 예를 들어 어떤 부모는 하루 종일 스마트폰을 손에서 놓지 않 으면서 자녀에게는 스마트폰을 쓰지 말라고 한다. 아이들에게는 책 을 읽으라고 말하지만 정작 본인은 한 해에 책 한 권 읽지 않는다. 자녀에게 부지런하라고 말하면서 정작 자신은 소파에 누워 탁자 위 리모컨을 가져오라고 시킨다. 공정하지 않다. 이런 부모가 아무리 좋은 말을 해도 자녀는 받아들일 수 없다. 내용이 옳더라도 상대방 은 받아들이지 못한다. 평소에 공정하게 행동할 때 충고가 효과 있 을 것이다.

넷째, '성실성'이다. 회사에서 약속을 자주 어기는 부서장은 직원 들의 믿음을 잃는다. 이번 일만 끝나면 수당을 받게 해주겠다거나,

승진시켜주겠다거나, 휴가를 보내주겠다고 약속하고 지키지 않는다면 직원들은 부서장을 불신하게 된다. '이것만 지키면 된다'는 상대방의 말을 믿을 수가 없기 때문에 조언 역시 받아들일 수 없다. 충고하는 그 시간만큼은 내가 다른 일을 못하는 것이다. 하지만 말이 좋아 충고지 결국은 간섭이고 통제며 확인하는 것으로 들린다. 약속을 지키지 않는 사람, 정직하지 않은 이가 아무리 좋은 충고를 해도 상대방은 귀를 닫을 뿐이다. 따라서 누군가에게 적절하게 반응하고, 신뢰를 주고, 공정하고, 정직하게 행동하는 것이 우선이다.

/ 몸소 움직이는 것만으로 /

충고라고 하면 주로 말로 하는 것만 떠올린다. 그런데 우리가 충고할 때는 타인이 내 말을 듣고 좋은 방향으로 움직였으면 하는 마음이다. 하지만 내가 적절하게 행동하는 것만으로도 충분한 경우가 더 많다.

아이가 어린이집에서 친구를 때린다는 이유로 아이를 체벌하는 부모가 있었다. 체벌하면 아이가 잘못을 깨달을 것이라고 판단해서였다. 하지만 아이가 친구와 다툰 이유는 '나는 옳고 너는 틀렸다'는 생각 때문이었다. '네가 나한테 이러

이러한 잘못을 저질렀으니 내가 너한테 벌을 줘야 한다'고 여겨서다.

아이가 친구를 때리지 않기 위해서는 '네가 나를 때렸더라도 용서하겠다'는 마음을 가져야 한다. 그런데 아이가 잘못할 때마다 부모에게 체벌을 받다 보면 용서를 경험할 수 없다.

위의 예를 살펴보면 부모는 다른 아이를 때렸으니 자식을 때려서 벌을 준다. 그러다 보면 아이는 친구가 자신을 때리면, '나도 그 아이를 때려서 벌을 줘야 한다'고 생각하게 된다. 이러한 악순환을 깨려면 부모가 아이를 체벌하는 것을 중단하고, 용서를 행동으로 보여줘야 한다.

의존적인 이들을 대할 때도 마찬가지다. 독립적이 되어야 한다고 아무리 충고해도 소용없다. 무엇이든 혼자 하는 것이 힘든 사람들은 어떤 일을 할 때마다 머뭇거리곤 한다. 그러면서 자신도 모르게 도움을 기대한다. 이럴 때는 일단 중간에 확인하지 말고 결과가 좋지 않더라도 질책하지 않는 행동을 보여주는 것이 좋다. 또한 아무리 의존적인 이라도 '그래도 내가 이것만큼은 잘한다'고 생각하는 일이 하나쯤은 있게 마련이니 자신 있는 일부터 시작하도록 격려하는 것이 중요하다. 누군가의 의존성을 줄이기 위해서는 자신감을 가지라고 말하기 전에 믿음을 행동으로 보여줘야 한다.

그리고 일을 할 때 애매하게 지시하면 안 된다. 지나칠 정도로 자세하게, 구체적으로 방법을 알려줘야 한다. 가능하면 문서화된 매뉴얼이나 동영상을 사용해서 반복해서 확인하도록 하면 좋다. 아울러 권한과 책임의 범위가 분명해야 한다. 처음에는 아주 작은 권한과 책임으로 시작해서 차근차근 범위를 넓히는 것이 바람직하다.

말 한마디에 일희일비할 필요는 없다. 영화를 보면 종종 누군가의 한마디가 주인공의 인생을 바꾸는 장면이 나온다. 주로 주인공이 갈등에 휩싸였을 때 정신과 의사나 심리치료사가 등장해 명대사를 말하고, 그에 감동받은 환자의 인생이 바뀐다. 그런데 실제 세상에서 이런 일은 거의 일어나지 않는다. 인간은 누군가의 한마디 때문에 바뀔 만큼 단순하지 않아서다.

결국 어떤 점에서 중요한 것은 반복이다. 누군가 내게 계속 잘 대해주었고 그가 틀림없이 나를 위한다는 믿음이 있다면 어쩌다 한 번 싫은 이야기를 들어도 이해한다. 이와 달리 나에게 관심도 없고 냉랭한 이가 어쩌다 한 번 좋은 이야기를 해도 감동은 순간뿐이다. 따라서 좋은 쪽이든 나쁜 쪽이든 말 한마디에 휘둘릴 필요가 없다.

내가 실수로 누군가에게 상처를 주는 말을 했더라도 평소에 관계가 좋고 진심으로 그 사람을 위한다면 충분히 사과를 해서 수습이 가능하다. 하지만 평소에 관계가 나쁘고 그를 무시하는 태도로 말했다면 아무리 옳은 말이라도 상대방에게는 상처가 될 수 있다. 말보다는 평소의 행동이 중요하다. 내가 적절하게 반응하고, 신뢰를 주고, 공정하고, 정직하게 행동하면 상대방은 굳이 말을 하지 않더라도 나를 따르게 될 것이다.

06

잔소리에서 벗어나는 법

이번 장에서 다시 한 번 잔소리와 충고를 상세하게 구분하려고 한다. 나는 충고라고 여겨 말하는데 상대방은 잔소리라고 생각하는 경우가 대부분이다. 그렇다면 그 차이는 무엇일까? 충고는 내가 무슨 생각을 하는지 알고 하는 말이다. 이와 달리 잔소리는 자동적으로 흘러나온다. 조건반사라는 표현이 있다. 강아지는 맛있는 음식을 보면 침을 흘린다. 그런데 음식을 줄 때마다 종을 울리면 나중에 강아지는 종만 쳐도 침을 흘린다. 이것이 유명한 파블로프Ivan Pavlov의 조건반사다. 종을 울리면 강아지가 음식이 있든 없든 침을 흘리듯이, 어떤 상황에 처하면, 어떤 말을 들으면 자동적으로 입에서 '말'이 나온다. 그 말이 효과가 있든 없든 상관없다. 일단 내뱉고 보는 것이다.

/ 잔소리하는 이유 /

아침에 일찍 일어나라고 건네는 잔소리를 예로 들어보자. 사실 사람마다 수면 사이클이 다르다. 어떤 이는 아침에 일어났을 때 정신이 맑다. 하지만 어떤 이는 아침에는 멍하고 정신이 없지만 어두워질수록 정신이 맑아진다. 억지로 일찍 일어나면 오히려 하루를 망칠 뿐이다.

'아침에 일찍 일어나야 성공한다'는 말은 농경사회에서 비롯되었다. 당시 밤에는 일을 할 수 없었다. 새벽같이 일어나서 해가 떠 있는 동안 일을 해야 했다. 공업사회로 오면서 전기가 등장했지만 1970년대만 해도 전기 요금이 비쌌다. 그래서 어른들은 지금도 늘 전깃불을 끄고 다닌다. 이러한 문화적 배경 때문에 일찍 일어나 부지런하게 움직여야 성공한다는 고정관념이 세상에서 통한다. 《아침형 인간》이라는 책이 베스트셀러가 될 정도다.

하지만 과연 그럴까? 밤에 정신이 맑아지는 '올빼미형' 인간은 밤늦게까지 공부하거나 일하고 아침에 자는 것이 더 효율적이다. 일찍 자고 일찍 일어나는 생활을 규칙적으로 한다고 해서 더 건강한 것도 아니다. 몸이 아프면 잠을 설치고, 잠을 설치다 보면 늦잠을 잘 수 있다. 자신의 리듬에 맞추는 것이 건강한 습관이다. 그런데 마치 일찍 자고 일찍 일어나면 몸이 아프지 않게 되는 듯이 왜곡해 생각하는 것이다. 이러한 편견 때문에 사람들은 일찍 자라는 잔소리를 한다. 즉 잔소리의 뒤에는 고정관념과 편견이 숨어 있다.

아침을 먹어야 건강하다는 고정관념 때문에 아침을 먹으면 내내 설사하는 아이에게 억지로 아침밥을 먹인다. 운동해야 건강하다는 고정관념 때문에 우울증에 걸려 꼼짝도 못하는 사람에게 밖에 나가 운동하라고 잔소리를 한다. 범죄자들을 대상으로 게임을 하는 사람의 수를 집계하자 대부분이 게임을 한다는 결과가 나왔다. 하지만 전 세계적으로 수억 명이 게임을 하며 그중 범죄자가 되는 이는 극히 일부다. 하지만 게임을 하면 폭력적이 된다는 고정관념 때문에 하지 말라고 잔소리를 늘어놓는다.

/ 잔소리가 사람을 바꿀 수 있을까? /

잔소리를 하는 이들의 상당수는 상대방의 행동, 사고방식을 바꾸려고 한다. 하지만 왜 상대방이 바뀌지 않는지에 대해 생각하지 않는다. 타인을 변화시키기 위해서는 잔소리로는 부족하다. 그런데 잔소리의 특성 중 하나는 아무리 해도 상대방이 바뀌지 않는데 반복한다는 것이다. 상대방의 행동이 달라지게 하려면 나 역시 몸을 움직여야 한다.

아울러 잔소리를 할 때면 근본적인 문제를 보지 못한다. 흔히 잔소리하는 사람은 자신이 강자라고 생각한다. 하지만 지속적으로 잔소리를 쏟아내는 이유는 상대방이 바뀌지 않기 때문이다. 상대방이 바뀌지 않는 것은 어떤 점에서 말하는 이에게 충분한 힘이 없기 때문일지 모른다. 따라서 잔소리를 하느니 그 시간에 무시할 수 없는 존재가 되기 위해서 자신에게 투자하는 것이 차라리 더 낫다.

술독에 빠져 사는 이를 생각해보자. 이 사람은 술을 끊으면 즐거움을 잃는다. 타인을 위해서 즐거움을 포기할 리가 없다. 술을 좋아하는 사람의 마음을 바꾸려 잔소리하는 대신 가급적 술을 덜 마시게끔 유도하는 행동을 하는 것이 중요하다. 만약 이 사람이 술을 끊게 하고 싶다면 우선 상대방에게 심리적, 사회적, 경제적으로 무시할 수 없는 존재가 되어야 한다. 이렇게 지속적으로 술을 마시다 보면 나에게 중요한 이 사람을 잃을 수 있고 심리적, 사회적, 경제적으로 불이익이 크다는 위기감을 가지도록 해야 한다. 가치의 우위를 점하기 전까지 사람은 바뀌지 않는다.

무시하지 못할 존재라고 하면 많은 이들이 금전적인 방향으로, 즉 주로 외형적인 것을 생각한다. 하지만 그런 점에만 신경 쓰다 보면 오히려 역효과가 생기는 경우가 많다. 상대방이 힘들어하는 일에 대해서 이야기를 잘 듣고 위로해주는 것 역시 무시하지 못할 존재가 되는 방법이다. 사람은 위로해주는 이가 없으면 버티며 살아갈 수 없기 때문이다.

　잔소리는 고정관념에서 비롯된다. 잔소리를 할 때면 상대방이 왜 바뀌지 않는지 고찰하지 않는다. 결국 상대방이 이렇게 하면 내가 편해질 것이라는 이기적임 때문에 반복할 뿐이다. 좋은 충고는 상대방을 바꾸려고 하는 것이 아니라 의견을 제시할 뿐이다. 바뀌거나 안 바뀌는 것은 상대방의 선택이다. 잔소리로써 상대방에게 변화를 주지 못한다. 너무 답답해서 자신도 모르게 하는 말이니 감정이 실리게 마련이다. 충고는 이성적이어야 한다.

　　　　　　　　　　　　　　　　　　　귀 기울임의 미학

07

실천할 수 있을까

불면증 환자 가운데는 술을 마시는 사람이 많다. 본인은 불면증 때문이라고 하지만, 오랜 기간 지속하면 나중에는 술을 마시지 않으면 잠이 오지 않을 수 있다. 본인이 부정하더라도 금단증상이 오는 것이다. 알코올 금단증상에 따르는 불면증을 치료하기 위해서는 근본적으로 술을 끊어야 한다. 치료자가 술을 끊으라고 말하면 과연 환자가 딱 끊을 수 있을까? 그럴 수 없다. 술이 없으면 잠이 오지 않는다는 생각에 사로잡힌 환자는 술을 끊으라는 심리치료사의 말에 그나마도 잠을 못 자면 어쩌나 걱정이 앞선다.

이런 상황이라면 나는 환자에게 술을 완전히 끊으라고 말하지 않는다. 술 때문에 불면증이 왔다는 것 역시 강조하지 않는다. 만약 불면증이 없었다면 술을 마셔도 되겠지만 현재는 불면증이 온 상태이고, 술이 증상을 악화시킬 수 있다는 정도만 언급한다. 그리고 술 대신 약을 복용하면 잠이 올 것이라고 이야기한다. 다만 술을 마신 날에는 약을 먹지 말아야 한다는 점을 분명히 한다.

당장 술을 끊기를 권하면 환자 가운데 많은 이가 더 이상 찾아오지 않을 것이다. 술을 마시지 않아도 잠을 잘 수 있음을 확인하게 되면, 그때부터 환자는 최소한 잠을 자기 위해서는 술을 마시지 않는다.

/ 할 수 있는 일을 권유하자 /

우울증에 걸린 이에게 사람들은 가끔 이런저런 요구를 할 때가 있다. 흔히 우울증이 오면 이유 없이 눈물을 흘리며 슬퍼한다고 생각한다. 하지만 우울증은 신체적 증상을 동반한다. 기운이 없어 꼼짝하기 어려운 경우가 있다. 이런 사람에게 주변에서 운동을 해라, 사람을 만나라, 날씨도 좋으니 밖에 나가라고 권하기도 한다. 하지만 이 사람은 아무것도 하지 못한다.

증상은 그뿐이 아니다. 불면증을 동반할 수 있다. 잠을 제대로 잘 수 없으니 늦게 일어난다. 그런데 가족들은 반대로 생각한다. 늦게 일어나니 늦게 잔다는 생각에 억지로 일찍 깨우기까지 한다. 우울증 환자는 아침에 일어나도 아무것도 할 수 없다. 시간은 가지 않고, 죽고 싶을 뿐이다. 또한 우울증이 오면 머리가 둔해지기도 한다. 책조차 읽을 수 없다. 그러다 보니 밤새 인터넷 서핑을 하거나 게임으로 시간을 보내기도 한다. 주위에서 인터넷도 게임도 하지 말라고 하면 환자는 미칠 듯한 생각이 든다. 아무리 일찍 자고 일찍 일어나라고, 규칙적으로 생활하라고, 밖에 좀 나가라고 충고해도 실천이 불가능한 일이다.

한 부부의 예를 살펴보자.

서로 사랑하고 함께한 기억을 쌓으면 결혼 생활 자체로도 좋은 추억이 되고 행복하다. 그런데 부부 사이에 갈등이 커지며 불행해지기 시작했고 이에 따라 자식에 대한 집착이 생겼다. 부모가 자식에게 과도한 애착을 가지게 된 것인데 자식 입장에서는 귀찮기도 하다. 자식은 성향이 제각각이다. 부모의 애착을 좋아하는 사람도 있겠지만 심리적 거리를 두고자 하는 이도 있다. 부모는 말을 안 하는 자식에게 서운함을 느낀다. 하지만 부모 자식 사이에도 사생활이 필요하다. 자식의 입장에서는 어떠할까? 부모의 과도한 관심과 간섭 때문에 숨이 막힌다.

이때 부모에게 자식과 심리적 거리를 두어야 한다고 조언해도 지켜지기는 쉽지 않다. '심리적 거리'라는 것은 어느 정도 타고난다. 자식과 거리를 두면 삶이 무너질 것 같다는 경우, 부모에게 다른 것에 신경을 쓰라는 대안을 제시해도 그 효과 역시 제한적이다. 따라서 이럴 때는 부모의 괴로운 마음을 반복적으로 들어주는 것이 필요하다. 그리고 지금 방식이 효과가 없기 때문에 다른 전략을 취하자고 말하는 것이 협조를 구하는 데 더 낫다. 언젠가는 자식이 다시 부모에게 다가올 거라는 희망을 건네는 메시지도 중요하다.

물건에 대한 아이의 욕심을 억지로 자제시키려는 부모도 의외로 많다. 지우개나 샤프 등 문구가 있는데 또 사려 해서 걱정이라는 이들이다. 값이 감당이 안 되어서가 아니다. 사달라는 대로 다 사주면 절제력이 없는 아이로 클까 걱정이라는 것이다. 만약 아이가 용돈을 아껴서 물건을 사면 문제가 아니다. 돈을 아낀다는 것은 상당한 절제력이 있다는 뜻이다. 하지만 부모는 그 또한 마음에 들지 않는다. 결국 아이가 뜻대로 컨트롤되지 않아 짜증이 나는 것이다.

검소하고 절제하는 이들을 보면 대체적으로 위험회피도가 높다. 다르게 말하면 겁이 많다는 뜻이다. 충동적이지 않고 심사숙고하는 편이다. 그리고 새로운 것에 대한 호기심도 상대적으로 덜하다. 타인이 나를 어떻게 보는지 별로 신경 쓰지 않는다. 그런데 위험회피도가 높은 부모는 자녀가 물건에 대한 욕심이 있는 경우 아이를 야단치곤 한다. 절제력이 없다고 비난할 때도 있다. 그러다 보면 아이들은 스스로를 문제덩어리라고 생각한다. 자존감이 저하되면 물질로 보상받으려는 마음이 강해지고 나이가 들면서 더더욱 과시와 낭비에 집착하는 모순이 발생한다. 아이를 야단치기 전에 욕구를 인정해주는 것이 우선이다.

그렇다고 아이가 원하는 것을 모두 해주라는 말은 아니다. 부모도 인간이다. 아이가 터무니없는 요구를 할 때 다 들어줄 필요는 없다. 다만 아이에게 '나는 옳고 너는 잘못되었기 때문에 안 된다'라고는 하지 말자. 안 사주는 행위 자체가 훈육이다. 말로 하는 훈육을 통해서 아이로 하여금 부모의 뜻을 억지로 받아들이게 강요하다 보면 부모와 자녀의 사이만 멀어진다.

/ 리더십의 조건 /

직장에서 일어나는 일을 한번 들여다보자. 심리적으로 불안정한 직원에게는 아무리 기술적인 충고를 해도 소용이 없다. 그는 실천하지 못한다. 직원의 업무 숙련도, 심리적 성숙도에 따라 다르게 대하는 법을 다룬 상황이론Situational Theory이 있다. 이에 따르면 상사가 부하 직원을 대하는 리더십은 다음 세 가지 요소에 의해서 결정된다. ① 지도자가 주는 과제 행동의 양, ② 지도자가 제공하는 인간관계 행동의 양, ③ 종속자의 구체적인 성숙 수준이 상호작용을 한다.

다시 말해 구성원의 성숙도에 따라 리더는 업무 중심적으로 대할지, 인간적으로 대할지를 구분해 다르게 접근해야 한다. 업무에 대한 직원의 성숙도는 '직무의 성숙도'와 '심리적 성숙도'로 구성된다. 그리고 리더의 행동 유형은 '과제 행동'과 '인간관계 행동'으로 이루어진다. 그러면 이제부터 직원의 성숙도와 지도자 행동의 관계를 살펴보겠다.

먼저 직원이 과제 성숙도가 낮지만 심리적으로 큰 문제는 없는 경우를 보자. 이때 리더는 높은 과제 행동, 낮은 인간관계 행동을 보인다. 구성원의 역할을 정하고, 목표를 설정하는 데 지시적이어야 한다. 직원의 업무 능력이 향상되면, 리더는 과제 행동은 줄이고 인간관계 행동은 높인다. 직원이 완전히 성숙해질 때 리더의 인간관계 행동과 과제 행동이 모두 최소화된다. 의사결정을 할 때도 구성원에게 많은 권한을 주어야 한다.

이와 달리 직원의 심리적 성숙도가 낮은 경우에는 어떻게 대해야 할까? 리더는 우선 과제에 대한 부담은 줄이고 인간관계에 중점을 두어야 한다. 직원이 심리적으로 안정되어감에 따라 과제 행동을 점점 더 중요시하면서 인간관계 행동은 줄인다. 직원은 차츰 업무에 익숙해지고 심리적으로도 안정된다. 직원이 성숙함에 따라 리더의 과제 행동은 높아지고 인간관계 행동은 낮아진다. 직원이 완전히 성숙했을 때 리더는 더 이상 과제 행동에 중점을 두지 않아도 된다. 즉처음 직장에 들어와서 심리적으로 불안한 직원에게 아무리 친절하게 기술적인 충고를 해도 소용이 없다. 실천할 수 없기 때문이다.

/ 결단력 있는 사람은 드물다 /

누군가 괴로운 일을 당하면 우리는 흔히 잊으라는 조언을 한다. 하지만 당사자는 잊으려야 잊을 수 없다. 만약 자신을 괴롭히는 사람 때문이라면 그와 떨어지면 행복할 것 같다. 그런데 인간의 마음이 그렇지 않다. 나를 괴롭히던 환경에서 벗어나더라도 그 영향은 오래 남는다. 물에 빠졌다가 구출이 되어도 옷이 다 젖어 있는 것과 마찬가지다. 옷이 마르기까지 시간이 걸리듯이 트라우마에서 벗어나려면 시간이 필요하다.

고통 속에 있는 사람은 아무 생각도 못한다. 고통에서 벗어난 다음에야 무언가 생각할 수 있게 된다. 고통에서 벗어났는데도 무기력한 경우 자신이 한심하게 느껴질 수 있다. 다른 이들은 탁 털고 일어나는 것만 같다. 하지만 그렇지 않다. 괴로움에서 벗어나더라도 그 여파는 오래가게 마련이다. 괴로움에서 벗어났다는 것만으로도 스스로를 장하게 여겨야 한다.

막상 결단을 내렸더라도 마음이 편하지 않을 때면 후회하게 된다. 그런 가운데 원래 상태로 돌아가는 경우가 있다. 고통 받는 상황으로 자신도 모르게 다시 빠져드는 것이다. 하지만 이 과정을 반복하다 보면 언젠가는 끝난다. 사람들은 스스로가 대단한 결단력을 지닌 듯 말하곤 한다. 하지만 칼로 무 자르듯 관계를 정리하거나 상황을 끝내는 사람은 거의 없다.

실천이 가능할 때 충고다. 우리는 말을 건네기 전에 상대방이 그 것을 행동으로 옮길 수 있는지 숙고해야 한다. 안 되는 것은 안 되는 것이다. 안 되는 것을 조언하면 상대방을 불편하게 만들 뿐이다.

08

나의 결심

어떻게 해야 할지 결정하지 못할 때 우리는 타인의 의견을 묻곤 한다. 늘 결정을 망설이고 충고를 구하는 사람들에 대해 정식 진단명은 아니지만 '결정장애'라고 말하기도 한다. 이들을 옆에서 지켜보면 불안해서 결정을 못하는 경우가 있다. 불안이 지나치면 강박적이 되기도 한다. 귀찮아서, 무기력해서 그런 사람도 있다. 그리고 결정에 관한 충고를 구하는 이에게 휘말리다 보면 마치 듣는 사람이 당사자가 된 듯 열을 내기도 한다. 하지만 아무리 열심히 충고를 해도 늘 그렇듯, 상대방은 내 말대로 하지 않는다. 그런데 아무리 좋은 충고를 해도 결정을 따라주지 않는 이유는 무엇일까?

/ 완벽주의의 맹점 /

불안해서 결정을 못하는 경우는 결과의 불확실성이 문제다. 결정을 했을 때, 결과가 잘못될까 두려운 것이다. 자신의 마음속 두려움이 걸림돌이다. 그런데 본인은 그렇게 생각하지 않는다. 상황이 문제라고 여긴다. 이와 달리 강박적이어서 결정을 못할 때는 한 가지를 결정하면 한 가지를 내려놓아야 하는 상황이 문제다. 강박적인 이들은 항상 두세 가지 선택지를 놓고 고민한다.

회사원들 사이에서는 식사 메뉴 때문에 고민하는 일이 많다. 어떤 이는 먹는 것을 좋아한다는 이유로 메뉴 선택 담당이 되어버렸다. 매일 음식을 고른다는 것은 쉽지 않다. 처음에는 메뉴를 곧잘 골랐다. 하지만 점심과 저녁을 모두 회사에서 먹다 보면 식사가 거기서 다 거기인 느낌이다. 나름 고민해서 생각해낸 것에 주변 의견이 분분하면 점점 더 선택하기 어려워진다. 중국음식을 권하면 동료가 싫다고 할 것이고, 파스타를 권하면 과장님이 싫다고 할 것이고, 한식을 권하면 또 다른 누군가가 싫어할 것이다……. 식사 시간이 올 때마다 스트레스를 받는다. 동료들은 '결정장애'라며 농담으로 놀리기도 한다. 장난이라도 당사자는 난감하다.

　　　　　　　　　　　　　　　　　　　귀 기울임의 미학

이런 고민을 하는 사람에게 메뉴를 골라주더라도 그때뿐이다. 충고하기 전에 강박적 사고를 끝낼 방법에 대해서 고민하도록 이끌어야 한다. 이 상황이라면 나는 사다리타기를 권한다. 타인에게 선택권을 맡기는 것이다. 정작 자신에게 중요한 일이 아닌데 고민할 필요가 없다. 해야 할 일에만 집중하면 되는 것이다. 강박적인 이들이 결정에 대해서 충고를 구하는 경우 대신 결정해주는 것보다 더 이상 고민하지 않도록 방안을 제안해야 한다.

보다 근본적으로는 자신의 완벽주의를 깨닫게 하는 것이 필요하다. 한 가지 예를 들어보자. 손을 수시로 씻는 사람이 있다. 하지만 그는 자신이 손을 자주 씻는다고 전혀 생각하지 않았다. 어느 날 손이 가려워 병원에 갔더니 주부습진이라는 진단을 받았다. 이유를 물으니 의사는 손을 자주 씻어서 그렇다고 답했다. 하지만 여전히 그는 자신이 손을 자주 씻는다는 것을 인정할 수 없었다. 그래서 씻을 때마다 기록했더니 하루에 100번도 넘게 손을 씻는다는 것을 알게 되었다. 이렇게 누군가의 완벽주의를 깨닫게 하고 싶다면 기록을 권하는 것도 도움이 된다.

다양한 비유를 제시하는 방법도 잠깐 살펴보자. 지적을 받아들이지 못하는 이도 비유를 들어 이야기하면 자신의 완벽주의를 인정할 때가 있다. 차승원, 김선아 배우가 주연을 맡은 〈시티홀〉이라는 드라마의 한 장면을 예로 들고자 한다.

이 드라마 가운데 '1억 원을 버는 게 빠를까, 세는 게 빠를까'라는 대사가 나온다. 어떤 이가 '당연히 세는 게 더 빠르다'고 답하자 차승원은 다음과 같은 내용을 이어간다.

'1초에 1원씩 밥도 먹지 않고, 잠도 자지 않고, 연애도 하지 않고, 하루 24시간 오로지 숫자만 센다고 가정할 때 하루는 24시간이고, 1,440분, 86,400초다. 86,400으로 1억을 나누면 1억 원을 세는 데 걸리는 시간은 일로 따지면 약 1,157일, 월로 따지면 약 3년 2개월이다. 그런데 사람은 24시간 숫자만 셀 수 없다. 또 천 단위를 넘어가면 1초에 하나씩 셀 수 없으니, 2초씩 잡으면 7년이 넘고 3초씩 잡으면 10년이 넘게 걸린다.'

단순히 지적을 받았을 때는 수용하지 않던 이도 비유로 이야기하면 웃으면서 자신의 완벽주의를 인정하곤 한다. 만약 1원씩 센다는 가정이 잘못되었다며 1억 원짜리 수표를 세면 1초도 걸리지 않는다고 따지는 이가 있다면 호르헤 루이스 보르헤스의 단편소설 〈과학적 정확성에 관하여〉 이야기를 해주어도 좋다.

하루는 임금이 신하들에게 지도를 주문했다. 신하들은 커다란 지도를 만들어 갔지만 임금은 더 자세한 지도를 요구했다. 그래서 탁자만 한 지도를 만들어 갔다. 임금은 더 자세한 지도를 요구했다. 방만 한 지도를 만들어 갔다. 임금은 더 자세한 지도를 요구했다. 궁궐만 한 지도를 만들어 갔다. 임금은 더 자세한 지도를 요구했다. 도시만 한 지도를 만들어 갔다. 하지만 임금은 만족하지 못했다.

신하들이 지도를 만들어 갈 때마다 임금은 더 자세한 지도를 원했고 지도는 점점 커졌다. 결국은 지도가 나라를 덮어 버렸다.

이 이야기를 듣던 이가 어리둥절하다가 웃으면 나는 그때 '완벽한 결정을 하려는 당신의 마음이나 완벽한 지도를 만들고자 하는 임금의 마음이나 마찬가지다'라고 말해주곤 한다. 본인의 강박적 성향을 깨닫게 해서 결정하게 이끄는 것이 중요하다. 스스로 결정할 능력이 없으면 아무리 충고를 해도 실행하지 못하기 때문이다.

/ 결정하지 못하는 이유 /

결정을 하면 행동을 해야 한다. 그런데 행동하는 것이 싫어서 결정을 못하는 경우가 있다. 때로는 하고 싶지 않는데 주위에서 요구할 때도 있다. 두세 가지 가운데 선택해야 하는데 방향 자체가 마음에 들지 않는다. 이때는 자신이 진정 갈망하는 것이 무엇인지 진지하게 고려하고 그쪽으로 방향을 잡도록 노력해야 한다.

직업을 예로 들어보자. 구직하며 실패를 자주 경험한 사람은 자신에게 실망하게 되고, 앞으로는 어떤 것도 시도하기가 두렵다. 하고 싶은 일은 몇 가지 있지만 실패할까 봐 결정을 못하고 있다. 그렇다면 어떻게 해야 할까? 자신에게 잘 맞는 일을 짚어달라고 상담센터를 방문하는 이들이 있다. 상담자는 최선을 다해 한 가지 골라준 뒤, 내담자에게 평생 천직이라고 여기게 될 때까지 노력하라고 해야 할까? 아니다.

인간은 때로 내가 재미있어하는 것, 내가 잘하는 것이 있더라도 계속 다른 무언가를 찾아 헤매기도 한다. 타인이 보기에 그럴듯한 일을 해야 한다는 편견이나 주위의 기대에 부응하려는 이유 때문이기도 하다. 이는 옳지 않다. 다른 이의 시선을 의식하면서 선택하다 보면 오래가지 못한다. 진정 좋아하는 것이 아니기 때문이다.

이럴 때는 시도만으로도 가치가 있다는 것을 알려주어야 한다. 자신에게 무엇이 맞는지는 해보지 않고 알 수 없다. 지금 가장 마음에 내키는 일을 하다가 아니면 다른 것을 찾으면 된다. 그렇게 계속 탐색하다 보면 힘들더라고 포기하고 싶지 않은 일이 생길 것이다. 도전은 나쁜 것이 아니다. 실패해도 괜찮다.

스승을 찾는 사람들도 있다. 자신을 이끌어줄 누군가를 원하기 때문일 수 있다. 하지만 이들에게 필요한 건 권위적 대상이 아닌, 두려움을 극복하고 스스로 결정하고 책임지며 행동하는 것이다. 완벽한 결정을 알려줄 누군가를 찾는 한 삶은 불완전하다. 불완전한 결정을 실행할 때 비로소 스스로 완벽해질 수 있다.

마지막으로 무기력해서 결정을 못하는 경우를 보자. 자동차는 연료가 떨어지면 아무리 좋은 길이 눈앞에 펼쳐져도 굴러갈 수 없다. 이때는 실질적인 도움을 받아야 한다. 만약에 의욕이 없고, 짜증이 나고, 사람을 만나기 싫고, 눕고만 싶다면 우울증일 수 있다. 우울증을 앓는 기간 동안, 아무것도 하지 못한다. 치료가 필요하다. 옆에서 늘 대신 결정해준다 해도 당사자는 실행에 옮길 수 없을 것이다. 우울증은 시간이 지나면 저절로 낫기도 하지만 이렇게 해라, 저렇게 해라 하는 충고는 전혀 도움이 되지 않는다.

/ 결정할 때 가장 중요한 것 /

선택의 기로에서 결단을 내리지 못하는 이들이 있다. 나는 정신과 의사가 직업이다 보니 환자들에게 저렇게 해야 하는지, 이렇게 해야 하는지 질문을 받을 때가 많다. 마음이 제대로 서 있지 않으면 어떻게 해도 후회한다. 이와 달리 마음이 꼿꼿하다면 어떤 선택이라도 최선이라고 믿고 끝까지 책임을 진다.

괴롭고 힘든 일이 있을 때 사람들이 고난을 견디는 데 가장 중요한 요소는 선택이 진정한 내 것이었는지, 아니면 타인에게서 주어진 것이었는지 여부다. 같은 정도의 고통이라도 내가 선택했을 때는 참아낼 만하다. 결정에서 중요한 것은 무엇을 선택하느냐가 아니라 내가 어떤 사람인가다. 그리고 선택을 하면 자신을 믿고 밀고 나가고, 실패를 하면 책임을 지는 내공이 있는 성숙한 사람이 되기 위해서 노력해야 한다.

선택의 결과는 좋을 수도 있고 나쁠 수도 있다. 삶을 살아가다 보면 수십 번, 수백 번, 수천 번 선택을 하게 된다. 만약 인생을 전부 기록하는 CCTV가 존재해서 삶을 되돌아볼 수 있다면, 기억도 안 나는 선택이 삶의 방향을 결정지었다는 것을 확인하게 될지 모른다. 결정은 스스로 내려야만 한다. 성숙한 사람에게는 올바른 선택만이 있으며, 나약한 이는 어떤 선택을 해도 후회한다.

09

시간의 힘

고민되는 순간에 맞닥뜨렸을 때, 타인에게 충고를 구하는 사람들은 대부분 마음이 조급하다. 이들에게 가장 어려운 일은 기다림이다. 어떻게든지 빨리 해결하고 싶어 조언자를 찾은 것이다. 그리고 대부분 '방법'을 묻는다. 방법을 찾는다는 것은 문제를 해결하려는 의지가 있음을 의미한다. 하지만 사람들이 고민하는 일 가운데 당장 해결해야 하는 시급한 일은 생각보다 많지 않다. 우리들이 고민하는 것의 상당 부분은 가만히 놔두면 시간이 흐름에 따라 해결이 되기도 하기 때문이다.

/ 내버려두는 연습 /

중고등학생 자녀의 이성 교제 문제로 상담을 오는 부모들이 적지 않다. 자녀의 이성 교제를 어떻게든 말리고 싶어서다. 가장 큰 이유는 공부 때문이다. 자녀가 이성 교제를 하면 공부를 안 할 것이라고 생각한다. 그런데 사실은 반대일 수 있다. 공부가 잘 안 되니 이성에게 관심을 가지게 되는 경우다.

어떤 부모는 이성 교제를 하다가 헤어지면 가슴앓이를 하게 되고 뒤따라 성적이 떨어질까 걱정이다. 그렇다면 헤어지지 않게 도와주면 되지 않을까? 그러나 자녀가 이성 친구와 헤어지지 않게 배려하는 부모를 본 적은 없다. 나중에 헤어지면 마음이 아플지 모르니 지금 헤어지는 것이 낫다는 말보다 더한 궤변은 없다. 심지어 부모의 충고로 상황이 엉망이 되는 경우가 드물지 않다. 그저 내버려두는 것이 최선이 되기도 한다.

누군가 충고를 청해올 때는 뚜렷한 해결책을 원한다. 그런데 주변에서 건네는 조언이 문제를 해결하기는커녕 불안을 더 키우기도 한다. 불안에 걱정거리라는 먹이를 던져주는 셈이다. 눈을 감고 걱정거리를 멀리하도록 권하는 것이 불안을 가라앉히는 데는 차라리 도움이 된다.

　　　　　　　　　　　　　　　　　　　　　귀 기울임의 미학

/ 불안을 끄도록 도와주는 일 /

공포 영화를 예로 들어보자. 주인공들이 모두 모여서 집에 가만히 있으면 아무 일도 생기지 않는다. 그런데 불안과 공포에 떠는 주인공들이 무언가를 확인하기 위해 집 밖으로 나가면서 사건이 발생한다. 불안하면 사소한 것에도 신경이 곤두선다. 긴장을 견디지 못하면서 어떻게든 행동을 해서 끝을 내고 싶은 것이다.

해결책 대신 불안이라는 불 자체를 끄게 도와주어야 할 때가 있다. 불안해지면 강박관념에 사로잡힌다. 불안을 없애기 위해 이것저것 알아보고 이런저런 시도를 하게 된다. 하지만 그럴수록 불안이 줄어들기는커녕 더욱 커진다. 또한 걱정거리를 없애면 불안이 사라질 것 같다. 그러다 보면 쓸데없는 생각을 하게 마련이고, 이어서 쓸데없는 행동을 하게 된다. 그럴수록 불안은 한층 자란다.

기계적으로 노력은 하는데 잘못된 방식이어서 오히려 상황을 악화시키는 경우도 있다. 불안하기 때문에 움직이지만 목적은 없다. 문제가 무엇인지 파악하고 올바른 방향으로 노력해야 한다. 그렇게 하기 어려울 때라면 차라리 달아나는 것이 낫다. 더 이상 상황을 손쓸 수 없게 만들지 않기 위해서는 일단 그곳에서 발을 빼고 에너지를 충전해야 한다.

인간은 잠을 자면서도 계속 움직인다. 중풍이나 치매가 생겨서 몸을 움직이지 못하면 욕창이 생긴다. 침대가 푹신하더라도 매 순간

작은 마찰이 발생하면서 피부에 손상이 간다. 눈에 보이지 않는 손상이 지속되고 욕창이 발생하는 것이다. 괴로운 상황에 처했다면 일단 벗어나고 봐야 한다. 힘든 상황에 계속 노출되다 보면 회복할 수 없다. 지금 빠져나오지 못하면 고통이 더해질 뿐이다. 우산을 쓰든 우비를 입든 건물에 들어가든 우선 비를 피해야 한다. 아무 방비 없이 황야를 빨리 뛰어다녀봤자 몸만 더 빨리 젖어들 뿐이다.

/ 탈출구가 보이지 않는다 /

　한계를 넘어섰다면 지속적인 스트레스 때문에 아무리 둘러봐도 도저히 탈출구가 보이지 않는다. 그래서 상대방이 하는 대로 내버려둔다. 권투에 비유하면 코너에 몰려 그로기groggy 상태가 된 것이다. 사업가가 파산 위기에 직면해 포기하는 것이다. 억울하게 누명을 뒤집어쓰고 포기하는 것이다. 투수가 만루 홈런을 맞고 나서 얼이 빠져 생각 없이 공을 던지다 추가점을 주는 것이다. 야구 선수는 경기장에서 내려올 수 없다. 하지만 우리는 감당이 안 될 때 잠시 경기장에서 내려올 수 있다.
　도저히 견디기 어렵다는 생각이 들 때는 그 상황에서 탈출하는 것도 좋은 방법이다. 일단 잠을 자며 쉬어야만 한다. 충분한 휴식을 취하지 않으면 극심한 심신 쇠약에 빠져 올바른 판단을 할 수 없다. 끝없이 '화'가 날 때도 마찬가지다. 화를 일으키는 상황을 교정하는 일이 필요하지만, 심하게 화가 날 때는 달아나는 것도 하나의 수다.

모든 것을 내려놓아야만 할 때가 가장 두려운 순간이다. 세상에 끝은 없다. 하지만 새로운 시작이 있다. 따라서 마음에 불이 나 있는 사람에게는 충고가 아니라 손으로 눈을 가려주는 것이 정답이다. 눈을 다시 떴을 때 문제가 풀리는 경우도 종종 경험하기 때문이다. 시간이 해결해준 것이다.

사람들은 복잡하고 골치 아픈 일이 생기면 빨리 끝장을 보고 싶어 한다. 이 상태로 내 마음을 유지하고 싶지 않다. 동물의 세계에서는 모든 일이 빨리 결정 난다. 사자에게 잡아먹히든 달아나든 순식간이다. 배가 고프면 사냥을 하고, 배가 부르면 쉰다. 사실 자연에서는 기다리기만 해서 해결될 일이 드물다. 하지만 인간 세상은 그렇지 않다. 힘들더라도 그저 내버려두면 해결되기도 한다. 우리는 잘못을 저지르면 서둘러 대책을 취하라고 배운다. 하지만 자리를 피하고 기다리는 것도 좋은 방법이라는 바를 말하고 싶다.

우울증을 겪는 상당수의 환자는 저절로 낫는다. 우리 선조들이 농사를 짓고 살던 시절에는 가을에 우울증이 온다면 시간이 지나면 낫겠거니, 하고 기다리는 것을 방법으로 삼기도 했다. 봄이 되면 낫는 경우가 있었기 때문이다.

나는 환자에게 선택권을 주는 편이다. 여름이 지나갈 때쯤 시작해서 12월에 가장 심해지는 환자들이 있다. 아주 심할 때는 꼼짝도 하지 못한다. 1월쯤 조금 나아지면 스스로 병원을 찾는다. 이런 경우는 경험에 따르면 3월 근처가 되면 나아질 확률이 꽤 된다. 나는 이에 대해 설명한 뒤 약을 먹을지 아니면 상담을 하면서 기다려볼지 환자에게 묻는다. 언젠가 틀림없이 나아진다고 알려주는 것만으로도 환자는 희망을 가진다. 당장 해결하지 않으면 안 된다고 생각하던 이의 생각이 몇 달 지나고 나면 바뀌는 것이다.

세상이 변하는 과정에서 나도 모르게 일이 잘 풀리기도 한다. 자신이 할 수 있는 부분이 없다는 생각에 포기하기보다는 한번 버텨보는 것도 좋은 방법이 된다. 꼭 내 손으로 해결해야 한다는 강박관념, 빨리 해결해야 한다는 강박관념이 더 큰 수렁에 빠뜨리기도 한다. 애매모호한 상황, 아무도 해결할 수 없는 난제를 얼마나 오랫동안 감당할 수 있는지 여부가 나이가 들수록 중요해진다.

아기는 음식이 조금만 뜨거워도 뱉는다. 어린아이는 조금만 컵이 뜨거워도 금세 내려놓는다. 어른이 되면 뜨거운 것을 잡아도 좀 더 오래 버틸 수 있다. 경험을 통해 아무리 뜨거워도 언젠가는 식는다는 것을 알기에 고통을 감수하고 손에 쥐고 기다릴 수 있다. 세상이 돌아가는 이치다. 때로는 누군가 조언을 구해와도 아무 대답도 하지 않는 것, 그래서 상대방이 조금 '멍 때리게' 하는 것도 도움이 된다.

/ 멍 때림의 심리학 /

요즘 '아무것도 하지 말고 멍 때리는 시간을 가질 필요가 있다'는 조언을 종종 듣는다. 아무것도 하지 않는 것이 문제 해결에 도움이 된다는 건 사실 뇌과학적으로 일리가 있다. 뇌세포는 근육세포에 견주어 훨씬 복잡하지만, 물과 전해질이 왔다 갔다 하면서 신체의 신호를 전달한다는 점에서 차이보다 비슷한 점이 더 많다.

근육은 많이 사용하면 힘이 빠지니 쉬어야 한다. 감기에 걸려 컨디션이 안 좋으면 쉬어야 한다. 지병이 있다면 무리하지 말고 중간중간 쉬어야 한다. 뇌도 마찬가지다. 근육을 사용할 때면 땀이 나는 것이 직접 눈에 보이고 힘이 떨어지는 게 분명히 느껴지지만 뇌는 두꺼운 두개골 안에 있어 얼마나 지쳤는지 보이지 않는다. 어떤 점에서 멍 때리는 시간은 뇌가 피곤해서 더 이상 일하고 싶지 않다고 알려오는 것이기도 하다.

상대방을 멍 때리게 해주는 것만으로도 도움이 된다. 굳이 질문에 정답을 주지 않아도 함께 시간 보내고, 낄낄거리다 보면 상대방은 저절로 해결책을 찾을 것이다.

이와 달리 너무 골치가 아프다고 호소한다면 무엇인가를 하게 해야 한다. 요즘 캘리그라피, 컬러링북 등이 유행이다. 아무 생각 없이 주어진 칸에 색을 칠하면서 스트레스를 푼다고들 한다. 손을 움직이는 단순 작업이 우리의 심신 건강에 도움이 된다. 심리치료 가운데 만다라 미술치료라는, 만다라 문양에 색을 채워넣는 것이 있다. 다양한 색을 접하면서 색채 치료 효과를 보게 된다. 그리고 평소에 잘 쓰지 않던 뇌 부위를 사용한다. 그리고 한 장 한 장 그림을 완성할 때마다 해낸 것 같다는 느낌이 들어 만족감이 더욱 커진다.

따라서 상대방이 극도의 스트레스로 괴로워할 때 충고 대신 컬러링북 같은 단순 작업으로 유도해 긴장을 해소할 방법을 제시하는 것이 나을 수도 있다. 몇 가지 제안을 해본다.

책상 정리

스트레스 때문에 힘들 정도면 책상 위나 서랍이 엉망이 되어 있을 확률이 높다. 뒤죽박죽인 책상과 서랍은 마음을 어지럽혀 더욱 스트레스를 받게 한다. 쓸모없는 것을 버리다 보면 마음이 정리가 되는 듯하다. 그리고 잘 정돈된 책상과 서랍을 보면 뿌듯하다.

컴퓨터 파일 정리

정신없이 일하는 동안 여기저기서 다운 받은 자료가 컴퓨터, 외장 하드, 인터넷 클라우드에 쌓이게 마련이다. 아울러 쓰지 않는 프로그램도 수북하게 깔려 있다. 이것들을 카테고리에 맞추어 정리하다 보면 혼돈스러운 상황이 정제되는 느낌이 든다. 그리고 하나씩 살펴보면 당시 했던 일들을 깨닫고 돌아보는 효과도 있다.

세차

요즘은 주로 자동 세차를 하는데, 손 세차도 스트레스를 푸는 데 도움이 된다. 동전을 넣으면 물과 거품이 나오는 셀프 세차장에 차를 몰고 가도 좋다. 고압의 물을 차에 끼얹으면 확 터지는 느낌이 든다. 비누 거품이 나오는 빗자루로 골고루 세제를 바르고 물로 씻으며 그동안 생긴 차의 때를 벗겨낸다. 물살에 먼지가 씻겨 나가는 것을 보면 마음까지 상쾌해진다. 물소리, 바람 소리에 고민을 날릴 수 있고, 적절한 노동 때문에 노곤한 느낌도 들 것이다.

풍선 불기

'과호흡증후군'이라는 증상이 있다. 불안하면 숨을 가쁘게 쉬게 된다. 정상 호흡에서는 이산화탄소를 내보내고 산소를 섭취한다. 과호흡증후군 때문에 숨이 가빠지면 이산화탄소 배출량이 적어진다. 그러다 보면 몸의 대사에 이상이 오고, 심하면 손발이 저리기도 한다. 헐떡이는 숨을 멈추기 위해서 사용하는 방법은 비닐 봉투나 종이봉투에 코와 입을 대고 천천히 숨을 내쉬고 들이쉬는 것이다. 반복하다 보면 호흡이 느려지면서 마음이 편해진다. 자신이 숨 쉬는 소리를 듣고 느끼게 된다. 만약 봉투가 없다면 양손을 모아서 코와 입을 감싸고 숨을 천천히 들이쉬었다 내쉬어도 좋다. 풍선을 부는 것 역시 일종의 심호흡이기 때문에 도움이 된다.

넥타이 풀기, 양말 벗기

졸릴 때 찬물에 손을 씻거나 세수를 하면 체온이 내려가면서 정신이 들곤 한다. 스트레스를 받으면 몸이 뜨거워진다. 이때 넥타이를 푸는 것만으로도 도움이 되는데, 공기가 통하면서 체온이 내려간다. 또 한 가지 효과적인 방법은 양말을 벗는 것이다. 발이 조이는 느낌도 사라지면서 이완된다.

땀 내기

스트레스를 받으면 교감신경이 흥분하는데, 일정 수준에 도달하면 그 순간부터는 차분해진다. 그래서 화가 나거나, 흥분하거나, 두려움에 떨다가 가라앉으면 탈진하게 된다. 일시적이지만, 아무 생각도 나지 않기도 한다. 인간은 불안하고 흥분하고 스트레스를 받을 때 땀이 난다. 흥분한 당시는 모르지만 진정되면 옷이 땀에 젖은 것을 느끼기도 한다. 진이 빠지면서 생각도 덜하게 된다. 그렇다면, 일부러 땀을 내보면 어떨까? 지칠 때까지 뛰면서 스트레스를 풀 수도 있고, 사우나나 찜질방에 가서 땀을 내도 좋다. 비 오듯 땀을 흘리고 나면 몸이 나른해지면서 생각도 줄어들 것이다.

옥상에서 하늘 보기

정기적으로 한번씩 밖에 나가서 바람을 쐬는 것은 스트레스 푸는 데 도움이 된다. 특히 하늘을 바라보면 마음이 뻥 뚫리는 것을 느낄 수 있다. 하늘을 보거나, 나무 사이를 산책하거나, 바다를 보는 등 자연을 접하는 것을 중요하게 여기는 사람들이 있다. 심리학에서는 '자연주의 성향'이라는 표현을 쓴다. 이러한 성향이 강한 이들은 하늘을 바라보고, 산책하는 것만으로도 스트레스가 풀리곤 한다. 인류의 역사에서 인간이 도시 생활을 시작한 것은 얼마 되지 않은 일이다. 과거 인류에게 하늘이 맑은 날은 농사를 짓기에도 사냥하기에도 유목을 하기에도 좋았다. 그래서인지 우리는 푸른 하늘을 좋아한다. 바다와 강은 그야말로 생명의 근원이다. 그런데 도시는 콘크리트 건물투성이다.

옥상에 올라가보자. 아무런 방해 없이 온전한 하늘을 볼 수 있다. 그리고 내려다보면 자동차도, 사람도, 세상이 조그맣다. 그동안 내가 중요하게 여기고, 집착하고 매달린 것이 어쩌면 아무것도 아닐지도 모른다. 그러면서 자신을 짓누른 스트레스, 걱정거리 역시 자그마하게 느껴질지 모른다.

금식이나 단식

과거에는 '인슐린 쇼크 요법'이라는 치료가 있었다. 인슐린은 혈당을 저하시킨다. 혈당이 떨어지면 일종의 혼수상태에 빠진다. 우울증이 심한 환자가 혼수상태에 빠졌다가 깨어나면 증상이 호전되기도 했다. 하지만 인슐린 쇼크에 의한 저혈당이 뇌 손상을 일으킬 수 있어 현재는 하지 않는 치료다.

며칠 동안 하루 한 끼 정도 금식하는 것은 마음에 자그마한 혼수 효과를 가져온다. 하루쯤 단식하는 방법 역시 마음을 편하게 한다. 스트레스를 받으면 생활도 불규칙해지고, 식사도 일정하게 하지 못할 수 있다. 그러다 보면 늘 배 속이 더부룩하고 마음도 더부룩해지는 것 같다. 이때 금식이나 단식을 하면 매일 반복되던 습관이 중단된다. 몸도 마음도 비워진다. 그동안 놓쳐온 것에 집중할 수 있다. 하지만 지나친 다이어트로 인한 저혈당은 오히려 스트레스를 가중시킨다는 것을 잊으면 안 된다.

눈 감고 10분 있기

인간이 정보를 취득하는 가장 주된 수단은 시각이다. 시각 정보가 너무 많으면 머리도 복잡해진다. 그럴 때는 10분만 눈을 살며시 감자. 눈 주위 근육의 긴장이 풀린다. 아무것도 보지 않으니 정보의 유입이 중단되고, 복잡한 머리가 조금은 쉴 수 있다. 그리고 눈을 감고 있으면 그동안 모르고 지나쳤던 소리도 들린다. 새소리든 기계 소리든 평소에는 귀 기울이지 않았던 소리를 듣게 되면 내가 알던 것과는 또 다른 세상이 있다는 생각이 들면서 스트레스가 줄어든다.

분수 바라보기

자폐아들은 규칙적인 움직임을 좋아한다. 규칙적인 움직임이 뇌를 자극하면서 안정감을 주기 때문이다. 일반인에게는 너무 규칙적인 움직임은 싫증이 난다. 따라서 규칙적인 동시에 살짝 불규칙성이 있는 대상이 필요하다. 분수의 물줄기는 규칙과 불규칙을 동시에 지녔다. 같은 움직임이 반복되지만 그때그때 형상이 변화한다. 물줄기가 올라갈 때는 마음 역시 상승한다. 물줄기가 힘을 다할 때는 물보라가 생기고 움직임이 잠시 멈추는 찰나가 보인다. 그리고 물줄기가 하강하는 것을 볼 때는 이완되어 풀어지는 느낌이 든다.

시간이 지나 저절로 해결되는 문제일 때, 섣부른 충고는 오히려 문제를 키운다. 상대방에게 가 닿지 않을 조언 대신 불안을 달래며 시간을 보낼 수 있는 방법을 알려주자.

10

이유 있는 습관

불안하면 손톱을 물어뜯는 이들이 있다. 나쁜 습관이니 없애야 한다고 생각한다. 그런데 이러한 행동의 이유는 대개 불안을 떨치기 위해서다. 또는 지겹거나 두렵다는 것을 의미한다. 어른이 되어서는 지겨우면 잠시 쉬어야겠다는 판단을 할 수 있다. 하지만 어렸을 때는 쉬려고 하면 부모가 야단칠까 두려워 손톱을 물어뜯었던 것이다. 나이가 들면서는 쓸모없는 행동으로 여겨지고, 손톱 모양을 흉하게 만들 수 있다고 생각하지만, 어린 시절에는 불안을 이기는 유일한 수단이었다. 사람들에게 특정 행동을 무조건 고치라고 말하기 전에 이런 습관들이 한때는 상대방에게 쓸모 있었다는 것을 잘 이해하고 접근해야 한다.

/ 성숙하지 못하는 아이들 /

부모 중 한 명 또는 두 명이 알코올의존증 환자이더라도 대부분의 아이들은 외적으로는 심한 문제가 없어 보인다. 부모의 영향 때문에 폭력적인 성향이 있거나 문제를 일으키는 아이들은 일부에 지나지 않는다.

하지만 겉으로는 정상인 듯 보이는 아이들도 내면을 들여다보면 건전한 인격을 형성하는 여러 가지 역할을 배우지 못한 경우가 종종 있다. 대신 자신의 생존과 삶의 안정을 가져올 수 있다고 느끼는 역할에만 집착하며 얽매이게 된다. 아이들이 집착하는 것은 크게 책임 부담자의 역할, 적응자의 역할, 위로자의 역할인데, 이 가운데 한 가지나 두 가지 이상이 서로 결합되어 나타나는 경향이 있다.

먼저 '책임 부담자의 역할'을 하는 아동을 살펴보자. 이들은 주로 외동 또는 첫째로서, 책임감이 매우 강하다. 자기 자신에 큰 책임감을 가질 뿐 아니라 다른 가족 구성원에게도 동일한 책임을 느낀다. 어린아이가 술에 취한 부모를 돌본다. 버릇없는 행동이라고는 전혀 할 줄 모르고 부모 역할을 대신하는 아이들이지만, 너무 어려서 어른이 되어버린 아이들의 마음은 나이가 들어도 자연스러운, 진정한 성숙에 이르지 못한다.

'적응자의 역할'을 하는 아이들은 필요한 것을 책임지는 다른 형제가 있기 때문에 자신이 나설 일이 별로 없다. 이러한 상황에서 어린아이는 자신이 할 일이 바로 '적응'이라고 생각해 단순히 지시에 따르고 해야 할 일을 하거나 환경에 적응하며 그날그날 분위기에 맞추며 산다. 이러한 행동 양식을 따르는 아동은 다른 형제보다 자연스럽기는 하지만 이기적이 되기 쉽다.

마지막으로 '위로자의 역할'을 하는 아이들은 주로 다른 이의 기분을 좋게 하기 위해 끊임없이 노력한다. 마치 가족 구성원이 겪는 현재의 어려움이 모두 자기 때문인 것처럼 느껴 책임을 다하려 한다. 타인의 기분에 매우 민감하며 다른 가족들의 고통을 줄이려고 애쓴다.

이러한 아이들은 얼핏 보면 나이에 비해 성숙한 느낌을 준다. 하지만 인생을 살아가는 데는 이 세 행동 양식보다 더 다양한 역할이 필요하다. 아이가 자라서 청소년이 되고, 성인이 되면 삶에 필요한 수백, 수천, 수만 가지 역할을 할 수 있어야 한다. 하지만 위에서 언급한 아이들은 세 행동 양식에 얽매이며 성인이 되어갈수록 자신에게 익숙하지 않은 역할을 해야 하는 시점에 심각한 문제를 드러낼 수밖에 없다.

한때는 특정 역할을 해내는 것이 최선이었다. 하지만 성인이 되면서는 오히려 장애 요인이 된다. 이런 아이들의 옆에서 조언을 할 때 역할을 바꾸고 다양하게 경험해보라고 쉽게 이야기하곤 한다. 하지만 당사자의 입장에서는 한때 생존을 보장했던 행동 양식을 포기하기란 쉽지 않다.

귀 기울임의 미학

/ 감정을 무효로 /

노이로제neurosis는 신경증을 일컫는 말이다. 내적 갈등이나 외적 스트레스 때문에 심리적 증상이 발생하는 것이다. 이러한 신경증을 매개하는 가장 중요한 감정은 불안이다. 심리적 갈등에서 비롯된 불안을 조절하기 위해서 감정을 억압하거나, 보다 덜 위협적인 대상에 감정을 전이한다. 또는 정반대의 생각이나 감정으로 대치하거나, 신체적인 증상으로 전환하거나, 감정을 무효로 만들기 위해서 말과 행동을 하게 된다.

이러한 일련의 과정을 방어기제라고 하는데, 나중에는 방어기제 역시 증상이 되어버린다. 대표적인 신경증으로는 불안장애, 강박증, 해리질환, 신체형장애, 성장애 등이 있다. 즉 신경증은 한때 쓸모가 있었다. 그렇지 않았더라면 마음의 고통을 이기지 못했을 것이다.

억압repression과 억제suppression를 처음 접하면 구분이 어렵다. '억제'는 억지로 참는 것이다. 무엇이 자신을 힘들게 하는지 안다. 예를 들어 부모가 훈육이라고 하며 체벌하는 것이 싫고 화가 난다. 부모에게 욕을 하고 싶지만 참는 경우, 억제다. 참다못해 물건 등을 던지게 되는 것을 행동화acting out라고 한다.

이와 달리 '억압'은 생각 자체를 하지 않는 것이다. 예를 들어서 어렸을 때 어머니가 아이에게 짜증 내고 매우 힘들게 한 적이 있다. 부모가 이혼을 한 뒤 아버지 밑에서 자랐다. 그다음부터 자신을 괴롭힌 기억은 모두 잊고 어머니를 천사 같은 사람으로 기억한다. 나중에 성인이 되어 어머니를 다시 만나고, 이기적인 행동에 실망을 한다. 그 뒤 어머니가 자신을 괴롭혔던 기억이 떠오른다. 마치 반전이 있는 영화를 볼 때, 뒷부분에 편집된 이전 장면들이 나오면서 관객이 속았다는 것을 깨닫듯이, 자신이 스스로 감춘 일이 주마등처럼 떠오른다. 사실 그 이전부터 진실을 알고 있었다. 다만 인정하기가 두려워 객관적인 증거를 '억압'하고 있었던 것이다.

사실은 두려워서 못하는 것이지만 싫어서 안 한다고 합리화하는 경우 역시 두려움을 억압하고 있는 상황이다. 이때 감정을 느끼지 않으니 편하다. 하지만 억압을 하는 한 근본적인 문제를 해결할 수 없다. 따라서 힘든 상황이 이어진다. 억압의 봉인이 풀리는 순간 무너져 내릴지도 모른다. 따라서 억압을 깨부수기 이전에 마음을 단단히 준비해야 한다.

어떤 이는 스스로 감정을 마비시키기도 한다. 우리는 어떤 생각이 들면 그에 연관된 감정이 생긴다. 그런데 생각만 해도 고통스러운 일이 있다고 상상해보자. 이렇게 큰 고통은 마음이 감당하지 못한다. 죽음의 충동까지 느낄 때는 일단 그 감정을 마취해야 한다. 이를 뽑을 때 마취를 하면 통증도 느끼지 못하지만 맛도 느끼지 못한다. 마음도 마찬가지다. 너무 괴로울 때는 사건은 기억하지만 감정은 느끼지 못한다. 그 뒤 시간이 흐르고 마음이 사건을 감당할 수 있게 되면 그때 고통, 슬픔, 더 오랜 뒤에는 기쁨 등이 찾아온다.

귀 기울임의 미학

아직 때가 되지 않았는데 무조건 감정을 느끼라고 충고하는 것은 소용이 없다. 고통을 견딜 수 없기 때문이다. 감정을 느끼거나 표현하지 못했기에 괴로웠던 시기에 살아남을 수 있었다. 한때 자신의 생존을 가능케 했던 방어기제를 버리기는 쉽지 않다. 감정을 느끼라고 다그치기에 전에 상대방을 한번 웃겨보자. 행동으로 감정을 느끼게 도와주는 것이 더 효과적이다.

/ 현실도피가 주는 버티는 힘 /

환상을 통해 현실도피를 하는 사람이 있다면 어떻게 대해야 할까? 어린이의 경우, '상상 속 친구'를 불러낸다. 스파이더맨, 슈퍼맨 등 슈퍼히어로가 자신의 주위에 있다는 생각을 하는 아이가 있다. 때로는 만화나 영화 속 악당이 갑자기 떠올라 두렵다는 아이도 있다. 그럴 때는 슈퍼히어로가 악당을 쳐부수는 상상을 하도록 권하기도 한다. 나이가 들면서 이러한 상상은 조금씩 줄어들기 때문에 큰 문제는 없다.

이와 달리 자신이 특별한 힘과 능력을 지녔다고 믿고, 다른 사람들보다 훨씬 더 뛰어난 듯 행동하는 이들이 있다. 그 아래에는 자신이 대단한 사람이 될 것이라는 환상이 잠재된 경우가 많다. 옆에서 보기에는 이들의 생각이 황당할지 몰라도 당사자에게는 그 꿈을 빼앗긴다는 것이 죽음보다 더 싫다. 현실을 깨닫게 해서 꿈을 빼앗기보다는 일단 환상을 수용해주면서 치료적 관계를 만드는 것이 우선이다.

자신의 꿈이 얼마나 허무맹랑한지 스스로 모르는 것은 아니지만, 환상을 걷어냈을 때 마주해야 하는 끔찍한 현실과 공허함이 벅찰 뿐이다. 따라서 위로를 통해 신뢰관계를 형성해 현실에서 살아갈 용기가 생기도록 배려해야 한다. 꿈을 다 버리지 못해도 현실에서 버티기를 시도하게 될 것이다. 이러한 과정을 통해 현실에서 무언가를 조금씩 성취하는 만큼 환상에서 한 발자국씩 멀어지게 된다.

살을 에는 듯 추운 날 불을 피울 땔감이 없다고 가정해보자. 오늘 얼어 죽을지 모른다. 지금 얼어 죽으면 내일도 없다. 이때 지갑에 있는 지폐를 태운다면 어떨까? 제정신이 아닌 것일까? 지갑에 돈이 많아도 오늘 얼어 죽으면 아무 소용이 없다. 이런 상황에서는 돈을 태워야 한다. 오히려 돈을 쥐고 얼어 죽는 것이 멍청한 짓이다.

일반적으로 돈을 태우는 행위는 비정상으로 여겨지지만, 살다 보면 비정상이 정상이 될 때가 있다. 타인이 보기에는 이상해도 당사자에게는 다 이유가 있다. 추위를 이기기 위해 돈을 태울 수밖에 없었듯이 마음이 얼어붙으면 무슨 짓이든지 하게 마련이다. 말려도 소용이 없다. 무작정 비정상적인 행동을 중단하라고 말하기 이전에 헐벗은 마음부터 따뜻하게 해주자.

과거에는 심리치료에 '마음의 환부를 도려낸다'는 비유를 사용하곤 했다. 한때 크게 유행했던 표현이다. 그런데 과연 마음의 환부를 도려내는 것이 가능할까? 그렇지 않다. 마음은 너무나 복잡하다. 엉킨 실타래보다 백배, 천배 더 복잡하다. 환부를 들어내다 보면 마음이 어디에서부터 어떻게 망가질지 알 수 없다. 하지만 초보 치료자는 마음의 환부를 도려내고자 하는 유혹을 느낀다. 그리고 해를 끼치는 이들을 환자의 삶으로부터 도려내고 싶다.

하지만 경험이 쌓이면서 깨닫게 된다. 부모가 자식을 닦달하고 힘들게 한다고 해보자. 그러지 말라고 부모에게 충고하고 싶다. 하지만 하지 않는다. 어찌되었건 아이의 옆에는 그 부모가 있다. 부모를 치료자의 편으로 만들어야 아이에게도 궁극적으로 도움이 된다.

욕실에서 샤워를 하면 수건이 젖는다. 젖은 수건을 가지고 나온 뒤 마른 수건을 걸어놓지 않으면 젖었든 젖지 않았든 다음 사람이 쓸 수건이 없다. 치료자는 환자의 마음에서 나쁜 부분을 없애고 좋은 부분으로 채우고 싶다. 하지만 순서가 잘못되었다. 나쁜 부분을 없애기 전에 좋은 부분을 먼저 채워야 한다. 그렇게 되면 치료자가 아무 말 안 해도, 환자는 알아서 나쁜 부분을 버리게 된다.

Learning
to
Listen

2부

귀 기울이기 위한

심리 공부

01

충고가 통하지 않는 곳

섭식장애 환자를 진료한 적이 있다. 거식증 환자의 경우, 주위 사람들에게 야위었으니 먹으라는 말을 자주 듣는다. 하지만 행동하지 않는다. 환자는 조금이라도 살이 찌면 타인이 자신을 싫어할 것이라고 생각하기 때문이다. 나는 그의 생각을 억지로 바꾸려 하지 않고 환자에게 동조한다. 대신 힘들 때는 수액 요법을 받으라고 권한다. 즉 무조건 먹으라는 조언은 환자에게 들리지 않는다.

또한 망상이 있는 이에게는 그것이 아무리 잘못된 생각이라고 말해도 소용이 없다. 우리 뇌에는 '현실검증력'이라는 기능이 있다. 이곳이 손상되면 환상과 현실의 벽이 허물어진다. 우리는 꿈을 꿀 때 온갖 희한한 일을 경험한다. 하지만 잠에서 깨고, 꿈이라는 것을 깨달으며 현실을 살아간다. 이와 달리 조현병 환자들은 환상과 현실을 착각한다.

/ 초기 정신질환을 앓는 이들에게 /

조현병 환자들의 현실검증력이 손상된 이유는 마음속에 일종의 '심리적 구멍'이 존재하기 때문이다. 이에 따라 학교나 직장에서든 길거리에서든 낯설고 이상하다는 느낌에 사로잡히곤 한다. 이를 '망상적 기분'이라는 용어로 표현한다. 아직 망상이 발생하지는 않았더라도 이상한 기분을 느끼는 것이다. 이때 자신에게 문제가 있음을 깨닫고 인정하면 되는데, 알아채지 못하면 외부에서 원인을 찾게 된다.

♥ 오늘 학교에서 분위기가 이상했는데, 다른 아이들이 나를 따돌리기 때문이다.

♥ (자신이 잊고 온 노트지만) 다른 아이들이 내 노트를 일부러 가져가서 없앴다.

♥ 직장 동료들이 나를 일부러 골탕 먹이려고 회의에서 발표할 기획안을 숨겼다. 어쩔 수 없어 일단 회의에 참석했는데 나중에 서랍을 열어 보니 기획안이 있다. (내가 서랍에 넣어두고 잊은 것이지만) 누군가 기획안을 훔쳐보고 몰래 서랍에 다

시 넣어놓았다.

위의 예에서 살펴보았듯 망상적 기분 또는 망상에 사로잡히면 자꾸 그에 관련된 증거가 눈에 들어온다. 그러다 보면 자신을 비난하는 환청도 들린다. 환청은 망상을 더욱 심하게 하고 망상은 환청을 악화시키는 악순환이 벌어진다. 이렇게 망상, 환청에 사로잡힌 환자에게 올바로 생각하라고 충고해도 소용없다. 아무도 자신을 이해하지 못한다며 환자는 주위 사람들로부터 더욱 멀어진다. 망상이나 환청을 경험하고, 그것이 진짜라고 믿는 이를 대할 때는 긍정도 부정도 하지 않으면서 고통에 공감을 해야 한다.

/ 의사의 충고 /

정신질환이 아닌 신체질환으로 아픈 이들이 의사의 충고를 무시하는 경우가 자주 있다. 의사로서 진료를 하다 보면 이런저런 충고를 한다. 가장 답답할 때는 환자가 복용해야만 하는 약을 먹지 않고 자꾸 다른 방법을 찾을 때다. 고혈압, 고지혈증, 당뇨병 등을 치료하는 데 약보다 효과적인 것은 없다. 그런데 아무리 약을 권해도 소용이 없다.

스스로 습관을 바꾸기란 쉽지 않다. 고혈압은 이미 혈관에 기름이

끼어서 뻣뻣해진 상태다. 따라서 지금부터 습관을 바꾼다고 해서 혈압이 떨어지지 않는다. 당뇨병은 이미 몸 안의 인슐린이 제 기능을 못하는 상태다. 이 역시 지금부터 습관을 바꾼다고 해서 달라지지 않는다. 하지만 운동을 하고 식사를 조절해서 약을 안 먹고 고혈압, 당뇨병, 고지혈증을 조절하려는 이들이 있다. 이러한 시도는 대체적으로 실패하기 쉽다. 건강은 건강대로 악화되고 생활은 생활대로 불편해진다.

이 환자들이 약을 먹지 않는 데는 이유가 있다. 약을 먹으면 본인이 건강하지 않다고 느낀다. 약을 먹지 않고 건강해야 '건강하다'는 생각을 한다. 그리고 스스로 노력해서 낫는 것이 '낫는 것'이지 약을 먹는 것은 낫는 것이 아니다. 아무리 환자에게 규칙적으로 약을 먹어야 한다고 충고해도 소용이 없다.

때로는 겉으로는 병을 고치고자 노력하지만 마음속에서는 병을 유지하고 싶어 하는 경우도 있다. 앞서 언급했듯 이유 없는 통증으로 병원에 입원하는 이들이 있다. 자세한 검사를 해도 진단이 내려지지 않으니 입원을 한다. 그런데 병원에 입원하고 나서 스트레스 받는 상황과 분리되면서 증상이 줄어든다. 병원에서는 언제 아팠느냐는 듯이 아픈 곳이 사라진다. 퇴원 예정일을 잡는다. 하지만 퇴원하기 전부터 또다시 다른 곳이 아프다. 본인은 낫고 싶다고 말한다. 하지만 또 다른 곳이 아프다고 한다.

아플 이유가 있는 것이다. 언제까지나 병원에 입원할 수는 없으니 퇴원하지만, 그러고 나서도 계속 통증을 호소한다. 어떻게 해야 나을지 의사에게 묻고 약을 처방받지만 부작용에 민감하다. 이런 일이 반복되면 우울증이 생기기도 한다. 일단 우울증이라고 진단을 받으면 통증이 감소한다.

항불안제를 먹고, 걱정이 줄어들고, 수면제를 복용해 잠을 자면 통증이 줄어들기도 한다. 하지만 지속적으로 약을 먹어야 한다고 충고해도 소용이 없다. 의식 차원에서는 낫고 싶지만 무의식적인 차원에서는 낫고 싶지 않은 것이다. 통증을 감소시키기 위한 의사의 충고가 소용이 없다. 이런 경우를 심리학에서는 '이차적 이익Secondary Gain'이 있다고 지칭한다.

/ 예상할 수 없는 일 /

로토 1등 당첨 확률은 814만 5,060분의 1이고, 벼락 맞을 확률은 대략 180만 분의 1이다. 벼락 맞을 확률이 4.5배 정도 더 높다. 그런데 왜 사람들은 복권을 사는 것일까? 2002년 노벨 경제학상 수상자인 프린스턴 대학교 대니얼 카너먼 교수는 당첨되지 않더라도 이 정도의 금액은 지불할 수 있다는 심리적 마지노선이 존재한다고 주장했다. 그는 '확률가중함수'라는 이론으로 이런 현상을 설명한다. 사람들은 객관적으로 발생할 확률이 낮은 사안에 대해서 과대평가를 하는 것과 달리 확률이 높은 부분에 대해서는 오히려 과소평가하는 경향이 강하다고 주장한다.

도박사들은 자신이 운을 조정할 수 있다고 믿는다. 주식이나 선물 투자도 마찬가지다. 미국에서 특정 기간 주식 투자 수익률을 조사했는데 최고의 투자 전문가들을 제치고 원숭이들이 임의로 고른 종목이 최고 수익률을 올렸다는 이야기도 있다. 하지만 사람들은 여전히 주식 투자, 부동산 투자를 한다. 말도 안 될 정도로 높은 이익을 준다는 데 솔깃한다. 그리고 일단 꽂히면 아무리 말려도 소용이 없다. 이유는 무엇일까? 한 실험을 살펴보자.

오른쪽 눈에서 본 정보는 오른쪽 뇌에서만 처리한다. 왼쪽 눈에서 본 정보는 왼쪽 뇌만 안다. 먼저 피험자에게 오른쪽 눈으로만 볼 수 있도록 '웃으세요'라는 글자를 보여준다. 그러면 글자를 읽고 따라 웃는다. 그 뒤 왜 웃었는지 물어본다. 오른쪽 눈으로 글자를 봤다는 사실을 왼쪽 뇌는 모르는 상태다. 그는 웃긴 일이 있어서 웃었다고 말을 지어낸다. 잘 모르겠다고 대답하면 되는데, 왠지 설명을 만들어내야 마음이 편하다.

마찬가지로 예상할 수 없는 일을 예상할 수 있다고 믿어야 마음이 편하다. 인간이 정확한 통계를 가지고 확률을 계산해서 생활한 것은 근대국가가 형성된 이후로, 얼마 되지 않았다. 그 전에는 언제 눈이 올지, 가뭄이 언제까지 계속될지, 지진이 과연 멈춘 것인지 아는 것이 불가능했다. 하지만 아무것도 모른다는 생각을 하면 불안하고 두렵다. 프랑스의 유명한 인류학자 클로드 레비스트로스는 어떤 점에서는 미신이 불확실한 일을 설명하고 예측하려는 원시인들의 합리적 사고였다고 주장한다.

인간의 오랜 역사를 고려할 때 증거, 실험, 확률에 기초한 과학은 아직 낯설다. 그런데 우리는 하루 종일 과학적으로, 합리적으로 일하며 살아가야 한다. 그렇기 때문에 황당한 것을 생각하고, 엉뚱한 짓을 하고, 우연에 맡기는 부분을 통해 보상받고자 한다. 그런데 불안하고 마음이 괴로우면 그 관계가 역전된다. 예측할 수 없는 것을 예측하고, 설명할 수 없는 것을 설명해서라도 마음이 편해지고 싶다. 그래서 무엇이든지 믿게 된다. 믿고자 하는 사람에게 그것이 잘못되었다고 충고를 해도 소용이 없다.

'학습된 무기력'이라는 용어가 있다. 과거에 미국에서 개들에 충격을 주는 실험을 했다. 처음에 개들은 충격을 피하기 위해서 이리저리 움직였다. 그런데 지속적으로 충격을 주자 무기력해져서 충격을 받아도 꼼짝도 하지 않게 되었다. 절망 속에서 꼼짝 않는 것보다는 황당한 꿈이라도 꾸는 것이 더 나은 행동이다. 조언에 앞서 고통받는 이를 절망에서 벗어나게 해줄 방법을 찾아야 한다.

/ 설득과 협상의 기술 /

충고는 가장 쉬운 방법이다. 설득은 많은 노력과 시간을 요한다. 충고는 일방적이다. 협상은 무언가를 내놓아야 한다. 잘못된 충고는 그저 말뿐이다. 아무것도 내놓지 않는다. 그렇기 때문에 상대방이 들을 확률도 낮다. 사실 사람들은 충고보다 도움을 원한다. 도움을 주기 위해서는 실질적으로 움직여야 한다. 설득은 안 되고, 아무것도 자원을 투입하고 싶지 않을 때 또는 자원을 투입할 수 없을 때 몸으로 '때워야' 한다. 즉 행동해야 한다.

행동은 능동적 행동과 수동적 행동으로 나눌 수 있다. 어떤 사람이 내가 싫어하는 행동을 해서 그만하라고 충고해도 소용없을 때, 그 사람의 연락을 받지 않고 무조건 만나지 않는 것은 수동적 행동이다. 싫은 티를 내고 화난 표정을 짓는 것은 능동적 행동이다. 현재 그 사람은 내가 싫어하는 일을 하며 아무런 방해를 받지 않는다. 하지만 내가 반발하면 내 눈에 거슬리는 행동을 하고 있는 것에 대해 대가를 치러야 한다.

행동으로 인한 이익보다 본인이 치러야 하는 대가가 크면 행동을 멈추게 되어 있다. 행동이 통하지 않으면 위협해야 한다. 즉 충고가 먹히지 않을 때는 협상하거나, 도와주거나, 행동하거나, 위협을 해야 한다.

귀 기울임의 미학

/ 호의의 요소 /

상황에 따라 상대방은 충고를 깊이 새겨들을 수도 있고, 아무리 좋은 조언이라도 듣지 않을 수도 있다. 심리학에서는 이를 상황적 호의성situational favorability (Fiedler, 1964)이라고 부른다. 상대방이 충고를 받아들일지 여부와 관련된 상황적 호의성에는 다음 다섯 요소가 관여한다.

충고하는 이와 듣는 이의 관계

듣는 이가 충고하는 이를 신뢰하고, 좋아하고, 따르면 그저 그런 충고라도 새겨듣게 된다. 또한 얼마나 함께 시간을 보내는지도 중요하다. 상대방이 나를 충분히 이해하고 있다고 생각할 때 충고를 받아들이게 된다. 그러기 위해서는 시간이 필요하다.

충고를 구하는 이의 자세

실천 의지가 중요하다. 절실할수록 충고가 귀에 잘 들어올 것이다. 상대방이 문제를 파악하고 있다면 충고를 구할 때 질문이 세부적일수록 조언의 내용도 구체적이 된다. 구체적이고 세부적인 충고일수록 잘 받아들일 수 있다.

충고를 받아들이는 능력

세상에는 자신이 경험하기 전에는 느끼지 못하는 것들이 있다. 익숙하지 않은 영역에 대해 전문용어를 사용해서 충고하는 경우 상대방은 이해하지 못한다.

실천할 의지와 능력

용기를 내는 것도 능력이다. 겁이 많은 이에게 실패해도 별것 아니니 도전해보라고 충고해도 따르지 못한다. 조심하는 것도 능력이다. 부주의하고 산만한 이에게 아무리 조심하라고 충고해도 따르지 못한다.

충고하는 이의 실질적인 도움

실질적 영향을 끼칠 수 있는 경우 충고의 효과가 강해진다. 여기에 조언하는 이가 충고를 실천하도록 도움을 준다면 더욱더 효과적이 된다.

상황적 호의성이 중간 정도인 상황에서는 격려나 위로가 효과적으로 작용한다. 적당하게 우호적이고 적당하게 능력도 갖추고 있다. 상대방이 해낼 거라고 믿는다는 확신을 주면서 충고하면 상대방은 능력을 최대한 발휘하기 위해서 노력할 것이다.

그런데 상황적 호의성이 높을 때와 매우 나쁠 때는 충고를 하는 태도 역시 달라야 한다. 상황적 호의성이 매우 높은 경우 상대방은 이미 내 충고를 받아들일 태도가 되어 있다. 그는 이미 나를 신뢰한다. 따라서 어설픈 격려나 위로보다는 기술적인 관점에서 접근하면 된다. 구체적으로 어떻게 해야 할지 알려주는 것이 필요하다. 이와 반대일 때는 무엇보다도 먼저 신뢰를 구축하는 데 시간을 들여야 한다.

조언을 구할 때면 논리적으로 설명하는, 말 잘하는 사람을 떠올린다. 하지만 아무리 논리 정연하더라도 상대방으로 하여금 자신에게 손해가 되는 일을 하게끔 할 수는 없다. 개인적인 매력 역시 마찬가지다. 친화력이 강해서 끌리는 사람이 있다고들 생각한다. 하지만 하기 싫은 일만 시키는 이가 친화력 있게 다가오는 경우는 어떨까? 좋을 리가 없다. 충고는 어떤 점에서 협상이며 흥정이다. 상대방의 욕망을 없앨 수 없다. 싫어하는 마음을 좋아하는 마음으로 바꿀 수 없다. 다만 조금 더 의미를 두도록, 무엇인가를 조금 덜 싫어하게끔 할 수 있을 뿐이다.

02

기다림의 미학

흔히 사람들이 충고를 할 때면 내용에 관심을 둔다. 하지만 내용 못지않게 중요한 것이 타이밍이다. 빨강, 파랑, 노랑, 초록 네 가지 색으로 이루어진 축구공이 있다고 상상하자. 한쪽에서 보면 축구공은 빨간색이고, 반대편에서 보면 파란색이다. 누군가 이 축구공이 빨간색이라고 하면 맞는 대답이면서 동시에 틀린 대답이다. 또한 축구공이 파란색이라고 하면 맞는 대답이면서 동시에 틀린 대답이다. 어떤 말이든 맞을 수 있지만 동시에 틀리기에 불완전하다. 이렇게 말 자체의 옳고 그름에 못지않게 중요한 것이 바로 충고의 적절한 시기timing다.

/ 사회적민감성과 타이밍 /

기질 및 적성검사^{TCI}를 시행하면 '사회적민감성'이라는 항목이 있다. 사회적민감성이 높은 사람일수록 다른 이를 신경 쓰고, 빨리 사람들과 친근해지고 싶어 한다. 이와 달리 사회적민감성이 낮을수록 사람들과 거리를 두는 편이 마음이 편하다. 사회적민감성이 낮은 사람들은 청하지 않았는데 낯선 이가 다가와 충고하면 불편하게 여긴다. 낯이 익고 친해질 때까지 기다려야 한다.

일반적으로 상대의 사정을 모르는 상태에서 충고하는 것은 조심해야 한다. 기술적인 내용이라면 상관없다. 하지만 태도나 인생과 관련된 경우는 아무리 좋은 의미에서 건넨 조언이라도 상대방의 입장에서는 모르면서 나서는 것으로 여겨질 수 있다. 최소한 자신을 파악할 정도로 함께 세월을 보냈다는 생각이 들었을 때 상대방도 어느 정도 충고에 귀 기울이게 되는 것이다.

사람에 따라 충고의 적절한 시기가 다르다. 의존적인 사람들은 먼저 도움을 청하는 경향이 있다. 모르면 물어본다. 하지만 독립적인 성향의 사람들은 일단 할 수 있는 데까지 해보고 그래도 안 되면 도움을 청한다. 곤란한 상황에 처하지 않으면 먼저 도와달라고 하지 않는다. 따라서 의존성이 높은 사람이 곤란할 것 같으면, 빨리 도움을 건네는 것이 바람직하다. 이와 달리 독립성이 강한 사람에게는 미리 도와주겠다고 나서도 소용이 없다. 당사자가 필요를 느낄 때 충고를 해야 한다. 상황이 너무 급해서 귀에 아무 소리도 들어오지 않는 시점에 충고해도 소용이 없다. 지금 당장 할 일이 산더미같이 밀린 사람을 붙잡고 충고를 해봐야 역시 들리지 않는다. 차라리 밀린 일을 함께하면서 끝낼 수 있게 도와줘야 한다.

상대방이 충고를 받아들이게 하기 위해서는 노력과 시간을 투자하는 것이 좋다. 따라서 섣불리 충고하기보다는 시간을 가지고 기다려야 한다. 심리검사를 하면 집을 그릴 때 울타리를 치는 사람들이 있다. 울타리는 경계심을 반영한다. 타인의 접근이 싫은 것이다. 누군가 조금만 뭐라고 하면 고슴도치처럼 자신을 감추고 방어기제를 작동시킨다. 이러한 사람들은 마음을 쉽게 열지 않는다. 그리고 조금만 문제가 있어도 다시 웅크린다.

어떤 이들은 이러한 사람들의 강력한 방어를 깨야만 한다는 강박관념에 사로잡혀 고슴도치 마음을 지닌 이에게 지나치게 따뜻하게 대한다. 하지만 지나친 따뜻함도 부담이다. 웅크린 이들이 대인관계에서 중요하게 생각하는 것은 예측 가능한 신뢰다. 그리고 신뢰 쌓기에는 시간이 든다. 서두르지 말고 신중하게 옆에 있어야 한다. 당사자가 원할 때, 원하는 형태로, 원하는 만큼 조언하는 태도가 필요하다.

/ 마음의 절연 피복 /

인간은 심하게 고통을 받으면 감정으로부터 자신을 격리하고자 한다. 그러면서 두꺼운 절연 피복으로 마음을 칭칭 감는다. 고통은 덜 느끼게 된다. 하지만 의욕도 느끼지 못한다. 이런 상태를 치유하기 위해서는 마음의 절연 피복을 벗겨 내야 한다.

과정은 쉽지 않다. 상처를 입으면 소독하고 위에 거즈를 덮고 반창고를 붙인다. 다음 날 다시 소독하기 위해서는 거즈를 떼어 내야 하는데 피가 굳어서 붙어 있으면 뗄 때 통증이 심하다. 우선 깨끗한 생리식염수로 굳은 피를 불리고 솜에 물을 묻혀서 핀셋으로 잡고 거즈를 살살 벗겨 내야 한다. 마음의 상처를 덮은 거즈를 떼어 낼 때도 상대방이 느끼는 고통을 고려해야 한다. 충분한 위로와 공감을 통해서 마음의 상처를 덮고 있는 심리적 거즈를 적셔야 한다. 상처가 드러나면 상대방이 느끼기에 충분할 정도로 위로해야 한다.

이 과정은 한 번에 끝나지 않는다. 피복을 벗기는 과정에서 통증을 느끼면 환자는 또다시 상처 입을까 두렵다. 환자에게 스스로 마음을 안정시킬 시간을 주어야 한다. 힘들게 피복을 벗기고 상처를 소독해도 아직 진물이 나는 경우도 있다. 다시 상처를 덮고 소독하기를 반복해야 한다. 그러다 보면 치료자나 곁에 있는 이가 지칠 때도 있다. 하지만 그의 페이스에 맞추어 끈질기게 반복하다 보면 좋아지게 마련이다.

때로는 가만히 있는 것이 상대방을 도와주기도 한다. 의사소통 자체를 거부하는 이를 대한다면 일단 기다리는 것이 중요하다. 때로는 이런저런 충고와 이런저런 선의보다 말없이 옆에 있어주는 것이 최선인 경우가 있다.

귀 기울임의 미학

03

바꾸려 들지 말 것

올바른 이야기만 하는 사람들이 있다. 본인의 욕망과 의지는 배제하고 도덕률을 지키려고 한다. 종종 이런 이들은 옳다고 생각하는 방향으로 타인을 바꾸려고 한다. '초등학생 입맛'이라는 유행어가 있다. 나는 이와 비슷하게 '초등학생 윤리'라는 말을 쓰곤 한다. 초등학생 윤리는 절대적이다. 무조건 착하게 살아야 한다. 이렇게 어려서 익힌 가치가 아무런 가감 없이 뿌리박혀 무조건, 어떤 상황에서든 지켜야 하는 경우를 게슈탈트Gestalt 심리치료에서는 내사introjection라고 표현한다. 흔히 가정교육, 인성교육에 대해 설명할 때 사용한다. 지나친 가정교육, 인성교육은 내사로 이어져서 개인의 자유를 구속하게 된다.

하지만 어른이 되면서는 세상이 그렇게 단순하지 않다는 것을 깨닫는다. 고민하고 갈등하면서 주어진 상황에서 최선을 다해 결정하는 것이 '성인의 윤리'다. 자기결정이 수반되는 것이다.

/ 변화를 요구하기 전에 /

상담을 하다 보면 어떻게 해야 상대방을 바꿀 수 있을지 물어보는 이들이 많다. 이를 뒤집어 말하면 '나는 절대로 바뀌지 않겠다'는 것을 의미한다. 상대방은 틀리고 나는 맞는다는 생각 때문에 그렇다. 하지만 나의 마음을 상하게 하는 것은 상대방의 말과 행동이다. 사람이 달라져야 말과 행동이 바뀌는 것이 아니라 말과 행동이 바뀜으로써 우리는 사람이 달라졌다고 느끼게 된다.

실제 상대방의 말과 행동 가운데 자신을 기분 나쁘게 하는 것은 열 가지 남짓인 경우가 많다. 그 가운데 가장 마음을 아프게 하는 것 세 가지만 없어도 살 만하다. 나는 열 가지 중 세 가지만 하지 않도록 행동 지침을 정해주기도 한다. 내담자 가운데 행동은 마음에서 우러나오는 것이 아니냐고 반문하는 이들이 있다. 하지만 앞서 언급했듯이 나의 마음을 상하게 만드는 것은 상대방의 말과 행동이다. 상대방이 마음속으로는 안 좋은 생각을 하더라도 말과 행동으로 표현하지 않으면 견딜 만하다. 그리고 우리는 상대방의 마음을 바꿀 수 없다. 바꿀 수 있는 것은 상대방의 말과 행동이다. 또한 공평하게 주고받는 것이 중요하다. 상대방의 말, 행동을 바꾸기 위해서는 자신의 말, 행동이 바뀌어야 한다.

변화를 좋아하는 사람은 없다. 변화를 두려워하는 인간의 심리를 네 가지 심리학 키워드로 분석해보자.

인지왜곡

방어기제 가운데 우리가 흔히 사용하는 것으로 합리화rationalization를 들 수 있다. 개인적인 충동을 억제하지 못해서 엉뚱한 일을 저지르거나 아무 생각 없이 실수를 하고는 다 나름대로 이유가 있었다고 생각하는 것이다. 이는 인지왜곡이라는 심리학 용어와도 일맥상통한다.

변화하기 위해서는 새로운 것을 학습하고 익숙해져야 한다. 즉 노력이 필요하다. 많은 이들은 노력하고 싶지 않아서 변화를 거부한다. 그럼에도 당사자는 변화에 대한 거부가 자신의 이기적인 생각이라는 것을 인정하고 싶지 않다. 변화에 대한 본능적이고 이기적인 거부를 올바른 판단이라고 합리화하고자 한다.

불확실성에 대한 과대평가

인간은 어떤 상황에 대해서 100퍼센트 확실한 것과 극단적인 혼돈 중 어느 한쪽으로 판단하는 본능이 있다. 그런데 사실 100퍼센트

확실한 것은 없으며, 극단적인 혼돈 역시 드물다. 경영학에서는 불확실성을 네 가지 수준으로 분류한다. 첫째, 방향과 변화의 폭이 어느 정도 정해져 있는 제한적 불확실성이 존재한다. 둘째, 방향은 정해져 있으나 변화의 폭이 얼마나 클지 모르는 불확실성이 존재한다. 셋째, 양자나 다자의 조건 가운데 선택이 가능한데 어느 쪽이 올바른 선택인지 알 수 없는 형태의 불확실함이 존재한다. 마지막으로 어디로 튈지 모르는 완전한 카오스가 존재한다. 이러한 수준의 불확실성은 극소수다. 그런데 변화를 접하면 인간은 일단 카오스 수준의 불확실성을 상상하고 그러다 보면 두려움이 두려움을 낳는 악순환이 벌어진다.

현재의 상태가 유지될 것이라는 믿음

1930년대 전 세계적인 대공황이 있기 직전, 1997년 외환 위기 직전, 2000년대 초 IT 버블 붕괴 직전, 2008년 서브프라임 여파에 따른 금융 위기 직전에도 대중은 '이번에는 다르다This time is different'고 생각하면서 호황이 이어질 것이라고 믿었다. 인간에게는 현재의 유리한 상황이 유지될 거라 믿으면서 불리한 변화는 부정하는 본능이 있기 때문이다.

실패에 대한 두려움

저명한 스포츠 심리학자인 앨버트 반두라는 주어진 과제에 대해 자신감을 획득하는 데는 네 가지 기전이 작용한다고 주장한다. 첫째, 한 번 해보고 나면 그다음에는 해볼 만하다는 생각을 하게 된다. 둘째, 누가 하는 것을 옆에서 보면 해볼 만하겠다는 생각을 하게 된다. 셋째, 어떻게 하는지 설명을 자세히 들으면 자신감이 다소 상승한다. 마지막으로 누군가로부터 정서적인 격려를 받으면 자신감이 생길 수 있다. 그런데 이 가운데 자신감에 가장 결정적인 영향을 주는 요소는 실제로 경험하는 것이다. 막상 해보면 할 수 있는데도 실패를 두려워하면서 변화를 시도하는 것 자체를 거부한다.

인간은 상황이 갑자기 급박하게 돌아가서 위험을 느낄 때가 아니면 변화를 받아들이지 않는다. 그런데 남들보다 앞서 나가기 위해서 또는 뒤처지지 않기 위해서 변화해야 하는 경우는 두렵다기보다는 귀찮다는 반응을 보인다. 자신에게 엄청난 양의 일이 부과되거나 조직의 변화로 자기보전이 힘들지 않은 이상 적극적으로 반대하지는 않는다. 그저 비협조적으로 나오는 경우가 흔하다. 그런데 혁신이라는 것은 실패할 확률이 성공할 확률보다 더 높게 마련이다. 혁신 과제를 성공으로 이끌기 위해서는 능력 있는 이가 프로젝트를 맡아야 한다. 능력 있는 이가 프로젝트를 맡게끔 하기 위해서는 실패하더라도 노력에 대해서 보상을 받을 것이라는 확신을 주어야 한다.

/어떻게 변화하는 것일까/

모든 사람이 변화하지 않는 것은 아니다. 도대체 어떻게 해야 사람이 바뀔 수 있을까? 어떻게 해야 우리의 삶이 고양될 수 있을까? 인간이 자신의 이익에 반하는 행동을 하게 마음이 변화되는 것은 왜인가? 우리의 인생은 좋은 쪽으로든 나쁜 쪽으로든 변화한다. 다중지능으로 널리 알려진 하버드 대학교 하워드 가드너 교수의 저작 《체인징 마인드》를 살펴보면 마음이 변화하기 위해서는 다음과 같은 일곱 가지 지렛대가 작용한다. ① 실제 사건Real world events, ② 연구조사Research, ③ 동조Resonance, ④ 저항Resistance, ⑤ 생각Reason, ⑥ 자원과 보상Resources and Rewards, ⑦ 심상의 재구성Representational Redescriptions 이다.

마음의 변화는 사랑하며 사는 우리의 평범한 삶과 관련되어 더 자주 일어난다. 진로를 바꾸는 것도 마음의 변화다. 이성을 사귀는 것, 결혼을 하는 것, 이혼을 하는 것도 마음의 변화다. 더 많은 것을 성취하고 더 높은 자리에 오르는 것이 삶의 목적이던 이가 행복을 최우선에 놓기 위해서는 큰 마음의 변화가 작동해야 한다. 그런데 이런 변화는 단지 생각만 한다고 이루어지지 않는다. 인생의 사건들을 직면하고, 마음에 들든 들지 않든 근거를 찾아보고, 내가 타인에게 동조하거나 타인이 나에게 동조하고, 수도 없는 저항을 극복하고, 심사숙고 끝에, 변화를 실행할 자원과 보상을 찾아낸 뒤 심상이 재

구성되면서 일어난다.

모든 변화에는 때가 있다. 변해야 할 때 변하지 못하면 대가를 치르게 된다. 아직 변화하지 않아야 할 때 변화해도 그 대가를 치르게 된다. 만약에 그릇된 방향으로 변화하면 치러야 하는 대가는 더욱 커진다. 결단을 미루는 것이 최고의 선택인 경우도 있고 결과와 상관없이 뭐가 되었든 결정을 하고 밀어붙이는 것이 최선일 때도 있다. 그런데 선택, 결단, 결정보다 더 중요한 요소는 자신의 온전한 마음의 변화를 따르는 것이다.

04

결단하는 용기

인간은 몰라서 바뀌지 않는 것이 아니다. 왜 그러는지 알아도 마음이 아프다. 그러다 보니 안다는 사실을 거부하고 싶을 때가 있다. 두려운 것이다. 의존적인 이가 있다고 치자. 그에게 나쁜 영향을 주는 사람이 가까이 있는데 의존하지 말라고 해서 기대지 않을 수 있을까?

/ 의존과 독립의 관계 /

의존하지 못하면 독립하지 못한다. 의존적이라고 하면 대부분 나약하다고 생각을 한다. 하지만 처음 단계에서 인간은 누구나 의존적이다. 아기는 어머니에게 의존한다. 어머니가 없다면 아기는 생존할수 없다. 아기 때는 자신을 전적으로 돌봐주는 어머니에게 의존한다. 성장하면서 아버지의 존재를 깨닫게 된다. 나와 어머니의 관계, 나와 아버지의 관계가 아닌, 아버지와 어머니의 관계를 깨닫는다. 부모와 나의 관계에 대해서 깨닫는다. 이러한 과정을 거쳐 부모와 함께 살아간다. 나중에는 부모로부터 독립해서 혼자 살아간다. 의존이 기초가 되어서 성숙과 독립으로 나아갈 수 있다. 성장 과정에서 충분히 의존하지 못한 이들은 미성숙한 성인이 될 가능성이 있다. 겉으로는 독립적으로 보이지만 내면적으로는 여전히 의존적일 가능성이 크다.

정신분석가이며 소아과 의사인 도널드 위니캇은 저서 《성숙과정과 촉진적 환경》 가운데 '부모-유아 관계이론'을 설명하는 장에서 ① 절대적 의존, ② 상대적 의존, ③ 독립을 위한 의존으로 단계별로 정리했다.

① 절대적 의존

아이는 스스로 할 수 있는 것이 없다. 배가 고프면 우는 것은 가능하다. 하지만 부모가 밥을 주지 않으면 스스로 밥을 먹을 수는 없다. 절대적 의존 단계에서 아이는 제대로 저항할 수도 없다. 아이가 해달라는 것을 부모가 오해하고 엉뚱한 것을 해주더라도 아이는 속수무책이다. 이 단계를 통해서 아이는 서서히 성숙한다.

② 상대적 의존

아이는 성장하면서 부모에 대한 의존도가 감소한다. 장기적으로는 여전히 부모가 없으면 살아갈 수 없다. 하지만 단기적으로는 지낼 수 있다. 부모 역시 아이를 완전하게 지배할 수는 없다. 밀고 당기면서 살아간다. 상대적 의존을 통해 아이는 세상을 어떻게 살아가야 할지, 타인을 어떻게 대해야 할지 깨닫게 된다.

③ 독립을 위한 의존

신체적으로 완전히 성장하고 경제적으로 최소한의 자립이 가능하게 되면 더 이상 부모에게 의존할 필요가 없다. 항상은 아니지만 여전히 부모는 필요하다. 하지만 독립을 위해서 부모의 도움을 받아야 할 때가 있다. 부모는 나의 정체성을 유지하는, 독립을 지탱하는 정신적 힘이 되기도 한다.

심리치료 역시 마찬가지다. 심리적 어려움을 겪는 이들의 상당수는 어려서 전적으로 완벽하게 누군가에게 의존하는 경험을 하지 못한 경우가 많다. 이들에게 필요한 것은 명료한 분석도, 합리적인 충고도 아니다. 절대적으로 의존할 수 있는 누군가가 필요하다. 심리치료가 진행될 때 내담자는 자신의 의견을 치료자에게 제시한다. 치료자의 말에 반대하기도 한다. 때로는 치료자에게 화가 나서 상담을 거르기도 한다. 치료자를 탓하기도 한다. 이러한 과정을 거치며 서서히 성숙되어간다. 마지막에는 더 이상 치료자가 필요하지 않게 된다. 이렇게 독립과 성숙을 위해서 치료를 이용한다. 의존적인 환자를 독립적으로 만드는 첫 단계는 환자가 안심하고 치료자에게 기댈 수 있도록 해주는 것이다.

/ 사라짐의 두려움 /

심리학에는 '유기공포'라는 표현이 있다. 아동학대의 한 가지로 유기가 포함된다. 어려서 갑자기 부모 중 한쪽을 잃은 경우, 나이가 들어서도 사랑하는 이가 돌연 자신을 떠나갈까 두려워하기도 한다. 그러다 보면 어떻게든 버려지는 것을 피하기 위해서 사랑하는 이의 뜻을 무조건 따른다.

우리가 아기였을 때는 부모가 떠날까 걱정을 한다. 부모가 잠시라도 자리를 비우면 사라졌다고 생각한다. 부모가 멀어졌다 가까워지면서 "까꿍" 하면 아이가 까르르 웃는 심리의 밑에는 안도감이 깔려있다. 시야에서 사라졌던 부모가 나타날 때 신기하기도 하고, 불안이 사라지면서 웃게 되는 것이다. 아이가 성장해서도 부모가 없어질까 두려워하는 마음은 여전하다. 그렇기 때문에 아이들이 많이 하는 놀이가 숨바꼭질이다. 중요한 대상이 숨은 것을 찾아내면서 불안에 대처하는 힘을 키우는 것이다. 5~7세 아이들은 죽음을 인식한다. 그래서 이 나이가 되었을 때 유난히 부모가 죽으면 어떻게 하나, 자신이 길을 잃으면 어떻게 하나, 납치를 당하면 어떻게 하나 걱정을 하는 아이들이 있다.

우리를 달래주는 이를 '위로대상'이라고 한다. 대부분의 사람에게 가장 중요한 위로대상은 부모다. 아이들은 힘들고 괴로울 때 어머니를 떠올린다. "엄마" 하면서 운다. 하지만 나이가 들면서 구체적으로 어머니를 떠올리는 것은 조금씩 줄어든다. '잘될 거야'라고 생각하는 희망을 가지게 되는 것이다.

그런데 유기공포에 시달리는 이의 마음속에는 위로대상이 부재한다. 그렇기 때문에 바로 내 앞에서 나를 위로해주고, 지켜줄 누군가가 존재해야만 한다. 실제로 유기공포에 사로잡힌 이들은 어느 한 사람이 자신을 떠날 것 같으면 즉시 또 다른 사람을 만나기도 한다. 하지만 이렇게 누군가를 만나도 진정 안심이 되지는 않는다. 마음속에서 자신을 위로해줄 위로대상이 생겨나지 않는 한 유기공포는 사라지지 않는다.

자신은 타인에게 도움이 된다고 생각을 했는데 오히려 피해만 주고 있는 경우가 있다. 누군가에게 해를 끼친 것을 스스로 인정하기란 쉽지 않다. 사람들은 모두 자기 자신에 대해서 좋게 생각하는 경향이 있다. 그러다 보니 문제가 발생하면 남을 탓하고는 한다. 그런데 인생을 살다 보면 문득 의문이 드는 순간이 온다. 혹시 내가 남에게 피해를 주었던 것은 아닌가 하는 생각이 드는 것이다.

상대방이 나를 힘들게 한다고 생각했는데 실은 내가 상대방을 힘들게 하고 있다는 진실을 대면하는 순간은 괴롭다. 이 순간을 넘기고 성장하면 마음에 평화가 찾아온다. 하지만 인정하기는 죽는 것처럼 괴롭다. 이럴 때 아무리 충고를 통해서 진실을 알려줘도 소용없다. 일단 용기를 주어야 한다. 지나친 의존성을 극복하고자 하든, 심리적 유기공포에서 벗어나고자 하든, '내가 문제였다'는 것을 인정하고자 하든 용기가 필요하다.

/ 마주하는 용기 /

대부분의 환자들은 무의식적으로 자신의 문제가 무엇인지 알고 있다. 다만 그 문제를 정면으로 맞닥뜨리는 것이 쉽지 않다. 프로이트는 깨달음의 한 형태인 해석은 환자에게서 무언가를 앗아가는 것이라고 했다. 일단은 자신의 부족한 점, 약점, 못난 점을 있는 그대로 받아들여야 하는데 그것은 커다란 고통이다. 또한 변화는 알을 깨는 고통을 동반해야 한다. 인격은 탑과도 같다. 유아기, 학동기,

청소년기는 탑을 쌓아가는 과정이다.

기초에 해당되는 유아기에 무엇인가가 잘못되었다면 그 위에 얹은 학동기라는 돌은 아슬아슬하게 유지된다. 겉으로만 보기 좋게 억지로 학동기라는 돌을 깎아 냈다면, 그다음 청소년기라는 돌을 올릴 때는 더욱 문제가 된다. 조금만 잘못 건드려도 우르르 탑이 무너질 가능성도 있다. 따라서 환자에게 탑을 제대로 쌓도록 요구하기 전에, 미리 관심과 애정을 들여 보강 공사를 해야만 한다. 그래서 환자가 무너지지 않을 것이라는 확신이 설 때 변화의 동반자가 되어야 한다.

익숙함이라는 유혹에 대해서도 고려해야 한다. 우리는 안 좋다는 것을 알면서도 막상 익숙해지면 변하기 쉽지 않다. 앞서 언급했듯 올바른 삶이 아니고, 성숙된 삶이 아니고, 건강한 삶이 아니었더라도, 그 삶의 형태가 있었기에 그 사람은 생존할 수 있었다. 익숙함이라는 유혹을 벗어나서 새로운 삶을 향해 가도록 하는 데는 커다란 애정이 필요하다. 충분히 준비가 되기 전에 얻는 깨달음은 오히려 환자를 더욱 불안하고 힘들게 만들 수도 있다. 따라서 해석, 설명, 충고 이전에 중요한 것이 애정과 신뢰다.

사랑하는 이를 변화시키고 싶다면 그가 깨닫도록 요구하기 전에 충분히 애정과 관심을 기울여야 할 것이다. 당신이 쏟는 애정과 관심으로 신뢰가 쌓일 때 그는 이미 마음속 깊이 알고 있던 자신의 문제를 털어놓을 것이다. 그때도 섣불리 방법을 제시하지는 말자. 때로는 막다른 길로도 가고, 먼 길로 돌아가기도 하고, 물에 빠지기도 하겠지만 결국 길을 찾아가는 것은 당사자다. 당신은 다만 든든하고 따뜻한 태양이 되어서 그와 동행하면 되는 것이다.

용기를 충전하기 위해서는 마음의 보조 배터리가 필요하다. 살다 보면 너무 지쳐서 아무것도 못하는 순간이 있다. 주위에서 이렇게 해라, 저렇게 해라 말을 해도 도저히 몸이 움직이지 않는다. 그러다 절망에 빠져서 방전이 되고, 아무것도 안 하게 된다. 이때 점프 스타트가, 마음의 보조 배터리가 필요하다. 마음으로 받은 상처는 마음으로 치유해야만 한다. 누군가가 마음의 보조 배터리가 되어줘도 좋다. 그런데 절망에 빠진 사람의 마음을 재충전하기 위해서는 상당한 에너지가 필요하다. 부모, 형제, 친구같이 옆에 있는 이들이 그 역할을 하다 보면 지친다. 그럴 때 전문 상담자가 도움이 된다.

05

상대방을 위한 이야기

심리센터를 방문하는 내담자 가운데는 타인의 안 좋은 습관을 바로잡고 싶다고 말하는 이들이 있다. 그런데 누군가의 습관을 바꾸고자 할 때 가장 먼저 고려해야 할 사항은 '왜 굳이 타인의 습관을 바꿔야만 할까'다. 인간은 누구나 자기가 맞는다고 생각한다. '나는 옳고 상대방은 틀리다'라는 생각 때문에 타인의 습관을 바꿔야 한다고 믿는다. 하지만 사실 상대방의 습관이 나와 달라서, 눈에 거슬려서 바꾸고자 하는 경우가 더 많다. 몇 가지 예를 살펴보자.

귀 기울임의 미학

/ 나를 위한 충고 /

한 내담자는 아버지가 식사를 빨리 하는 습관이 고민이라고 말해왔다. 아버지가 10분 만에 한 끼를 해결해버린다면서 아무리 그러지 말라고 말씀드려도 바뀌지 않는다고 했다. 건강에도 좋지 않은 식사 습관이고, 함께 밥을 먹으며 도란도란 대화도 나누면 좋겠다며 방법이 없을지 문의했다.

질문자는 밥을 빨리 먹는 것이 건강에 안 좋다고 했는데 이에 대한 확정된 의학 조사 결과는 없다. 아버지 본인의 속이 불편하거나 위염이 있으면 모를까, 건강을 이유로 드는 것은 합리적이지 않다. 아버지가 질문자에게 밥 좀 빨리 먹으라고 할 권리가 없듯이, 질문자 역시 아버지에게 식사를 천천히 하라고 간섭할 권리는 없다.

마찬가지로 질문자는 식사 시간에 도란도란 대화를 하고 싶다고 생각하지만 아버지의 생각은 다를 수 있다. 질문자는 아버지와 밥을 먹으면서 대화하고 싶지만 아버지는 하고 싶은 이야기가 없을지 모른다. 대신 아버지가 재미있어할 주제를 꺼내는 것도 방법이다. 그러면 아버지가 식사를 마치고도 자리를 떠나지 않을 것이다. 타인의 습관을 바꾸기 위해서는 나 역시 노력해야 한다. 대화를 하는 시간을 좀 더 갖고 싶다면, 아버지가 여유 있을 때를 눈여겨보고 이야기를 하면 된다. 아버지가 식사를 하고 산책을 나간다면 함께 걸으며 대화하는 것은 어떨까?

마지막으로 아버지가 밥을 빨리 먹고 자리에서 일어나는 상황을 견디지 못하는 것, 아버지는 원치 않는데 대화를 원하는 것 역시 어떤 점에서 질문자의 습관이다. 아버지가 바뀌지 않는다면 질문자의 습관을 바꿔야 할 수도 있다. 건강을 위해 식사를 천천히 하시라는 충고는 아버지를 위한 것이 아니다. '나'를 위한 일이다.

> 발등에 불 떨어져야 일하는 업무 습관을 지닌 동료가 있다. 미루다 마감 직전이 되어서야 일사불란하게 일을 처리하는 동료 때문에 괴롭다. 덩달아 자신까지 피해를 볼까 조마조마한 적이 한두 번이 아니다. 시간이 있을 때 미리 준비하면 좋으련만 절대로 그러지 않는다. 해결 방법이 없을까?

우선 이유를 살펴보자. 동료가 나름대로 자신의 계획이 있고 짧은 시간에 충분히 일을 마감할 능력이 있다면, 상대방에게 미리 준비하라고 할 수는 없다. 동료의 입장에서는 일을 재촉하는 이에 대해 짜증이 날지도 모른다. 우리는 모두 일하는 스타일이 다르다. 동료가 한 번도 마감을 어긴 적이 없었다면 누구도 이 친구에게 미리 일을 하라고 지시할 수는 없다. 만약 동료가 마감을 지키지 못하는 일이 생기면 그때는 미리 하도록 요구하면 된다. 하지만 지금은 참는 수밖에 없다.

동료는 시간이 충분하다고 생각하는데 내가 불안해서 견디지 못하겠다면, 동료의 일하는 스타일이 마음에 들지 않는다고 바꾸라고 하는 것일 뿐이다. 어쩌면 동료가 마감 시간을 지키지 못할 것이라고 걱정하는 나의 생각을 바꿔야 할지도 모른다. 어떻게 생각하면 동료야말로 시간 관리가 철저한 친구일 수도 있다. 중간에 간섭받는 것이 싫어서 말없이 일을 진행하고 있는 것일지도 모른다. 상대방을 위한 조언이 아닌 것이다. 나를 위한 충고다.

심리치료에서는 해석을 할 때 주의해야 한다. '치료적 동맹'이라는 용어가 있다. 동맹이라고 하면 정치에서 많이 쓰는 말이다. 동맹 관계를 맺으면 그때부터는 좋든 싫든 공동 운명체가 된다. 지금 손해를 보더라도 나중에 나를 위해서 함께 싸워줄 것이기 때문에 원하지 않는 일이 있더라도 참는다.

심리치료에서도 마찬가지다. 치료의 첫 단추는 환자가 치료자를 믿는 데서 시작한다. 이제 겨우 환자가 치료자를 자기편이라고 믿기 시작했는데 치료자가 자신의 행동을 해석하면 환자는 그가 항상 자신을 관찰하고 평가한다는 생각에 거리를 둔다. 환자가 무심코 한 행동에 대해서 의미를 두고 해석하면 자신이 모르던 부분을 깨달으며 병식이 생길 수도 있지만, 자신의 말 한마디 행동 하나도 관찰당한다고 여기면서 마음의 문을 닫기도 하는 것이다. 해석은 환자의 마음에서 뭔가를 뺏는 결과를 가져오곤 한다. 충고를 할 때는 항상 신경 써야 한다. 상대방의 사람됨에 대해서 언급하게 된다면 특히 주의해야 한다. 당사자가 비난으로 받아들이면 오히려 반감만 더 심하게 만들 수 있기 때문이다.

모든 사람은 편견을 가지고 있다. 그리고 자신의 편견을 '윤리'라고 믿고 합리화하기도 한다. 윤리는 나와 우리의 삶을 연결시켜주는 소중한 가치다. 하지만 개인의 편견이 윤리관이 되어서는 안 된다. 예를 들어 스포츠 경기를 볼 때 어느 팀을 응원하는가는 일종의 습관이며 집단 세뇌다. 하지만 내가 응원하는 팀이 이겨야 세상이 윤리적으로 합당하다고 합리화하지는 않는다. 이처럼 우리가 충고를 할 때도 나의 편견, 나의 윤리가 작용하지만 배제할 수도 있어야 한다.

/ 좋은 치료, 좋은 상담 /

나는 심리상담 강의를 할 때 다음의 치료 사례 네 가지를 제시하고, 어느 것이 좋은 치료인지 묻곤 한다.

① 남편에게 학대받던 여성이 심리치료를 통해서 학대 관계를 종식하고 남편과 헤어져 자신의 길을 갔다.
② 부모의 강요로 원하지 않는 결혼을 하고 우울해하던 여성이 심리치료를 받고 나서 이혼한 뒤, 남편에게 초등학생 자녀의 양육권을 넘기고 화가가 되기 위해 유학을 떠났다.

③ 어떤 남성이 심리치료를 통해 자신의 동성애를 더 이상 숨기지 않을 용기를 얻었다. 겉보기에 행복한 가정을 함께 꾸렸던 부인과 아이들을 버리고 동성과 동거를 시작했다.

④ 조소 전공인 유명한 예술가가 매일 똥을 만지는 꿈을 꾸었다. 심리치료를 통해서 자신의 예술 행위가 충족되지 않은 유아적 소망의 발로라는 것을 깨닫고는 창작열이 식어버렸다.

대부분의 사람들이 ①을 좋은 치료로 선택한다. 다수가 ② 또한 좋은 치료라고 생각한다. 그런데 기혼 남성의 상당수가 무책임하다고 말했다. 기혼 여성의 경우도 적지 않은 이들이 무책임하다고 답변했다. ③을 선택하는 사람들은 적고, ④를 좋은 치료라고 하는 이는 극소수다.

그러나 어느 것이 좋은 치료인지 결정하는 것은 치료자가 아닌 환자다. 누군가를 바꾸기 위해서 조언하는 경우, 이미 나는 상대방을 위한 충고를 하는 것이 아닐 가능성이 높다. 우리는 인간이기 때문에 나와 다른 생각을 하고 있는 누군가를 나와 비슷하게 만들고 싶어 하는 본능이 있다. 나와 다른 상대방을 인정하는 순간 머릿속이 복잡해진다.

세상에는 내가 좋아하는 것과 싫어하는 것이 있다. 그리고 내게 이득이 되는 것과 손해가 되는 것이 존재한다. 내게 이득이 되지만 내가 싫어하는 것, 내가 좋아하지만 내게 손해가 되는 상황은 갈등을 불러일으킨다. 갈등 극복 방법 가운데는 옳다, 그르다라고 상황을 포장하는 것이 있다.

하지만 이렇게 윤리의 탈을 쓰면 대화가 안 된다. 나는 옳고 상대방은 틀리기 때문에 상대방이 나와 같아져야 된다. 나와 비슷한 생각을 하도록 바꾸고, 비슷한 행동을 하고, 비슷한 말을 하라고 충고한다면 상대방을 위하는 것이 아니라 나를 위한 조언일 뿐이다. 내 생각이 복잡해지는 것이 싫어서 남을 바꾸고자 말하고 있는 것이다.

심리검사 중에 'MMPI'라는 설문 유형이 있다. MMPI 항목에는 'Pa 편집증 지수'라는 것이 존재한다. Pa 지수가 높은 사람은 다른 사람이 어떻게 생각하는지에 민감하다. 이와 달리 Pa 지수가 낮은 사람은 남의 입장을 못 받아들여서 문제다. 그러다 보니 자신과 다른 생각을 하고 다른 이야기를 하는 사람을 만나면 의심을 한다. 이렇게 Pa 지수가 낮은 사람들은 남의 입장에서 생각하기 어렵기 때문에 상대방을 위한 것이 아닌 나를 위한 충고를 한다.

인간은 경험을 근거로 행동하고, 경험을 잣대로 타인을 판단한다. 나의 경험이 절대 진리인 듯 착각하기도 한다. 그러다 보면 편견과 선입견을 진실로 혼동하고 행동하게 된다는 것을 잊지 말자. 자신이 하는 충고가 과연 상대방에게 도움이 될지 잘 판단할 수 있어야 한다.

귀 기울임의 미학

/ 마음의 지도 /

사람들은 때로 비난과 충고를 착각한다. 이런 경우, 충고를 하는 이는 상대방을 위해서 말한다고 생각하지만 듣는 이는 그렇지 않다. 화풀이한다고 생각할 수도 있다. 누군가는 충고를 하면서 자신이 상대방보다 낫다는 생각을 한다. 충고를 통해서 상대방을 통제하려고 들기도 한다. 그런데 상대방이 통제당하지 않으려고 하면 끝내 비난을 한다.

남에게 충고를 하고, 도움을 주기 앞서 상대방이 싫어하는 것부터 하지 말아야 한다. 상대방이 내 마음을 알아봐주지 않는다고 서운해하는 경우가 있다. 하지만 문제는 나의 도움을 상대방도 원하느냐다. 아무리 노력을 했더라도 상대방이 원하는 것이 아닌 경우 그가 억지로 좋아하는 척하는 것도 한계가 있다. 그런데 사람들은 사이가 나빠질 때 무엇인가를 해줘서 사이를 개선시킬 생각을 한다. 하지만 사이가 나빠지는 이유는 대부분 뭔가 부족해서가 아니다. 상대방이 싫어하는 행동을 반복할 때 사이가 틀어지는 것이다.

나는 환자에게 심리상담을 설명할 때 마음을 지도에 비유한다. 환자에게 미지의 큰 도시에 살고 있다고 상상하도록 권한다. 이곳에서 살아가고는 있지만, 어디에 무엇이 있는지 알 수 없다. 그럴 때는 누군가 도시 곳곳을 다니며 기록해서 지도를 만들어야 한다. 지도를 보면 어디에 무엇이 있는지 알 수 있다. 지도가 있어야 장애물을 피할 수 있다. 산이 어디에 있는지, 강이 어디에 있는지, 바다가 어디에 있는지 알 수 있다. 과수원에 가서는 과일을 따고, 논에서는 벼를 수확하고, 광산에 가서는 석탄을 캐야 한다. 즉 우리가 지도를 만드는 목적은 지형을 바꾸기 위해서가 아니라 지형을 알고 적응하고 이용하기 위해서다.

　인간의 마음은 커다란 도시와 같다. 우리 각자는 마음이라는 도시에서 살아간다. 살다 보면 길을 잃고 헤맬 수 있다. 그럴 때 환자는 길을 찾기 위해서 심리상담을 받게 된다. 환자의 이야기를 집중해서 들으면 그의 마음이 어떻게 구성되어 있는지 점점 알아가게 된다. 이런 점은 환자의 강점이고 저런 점은 약점이라는 것이 보인다. 지도제작자가 도시를 종이에 옮기는 기술이 있듯이 심리전문가는 환자의 마음을 전체적으로 파악하고 구성하는 데 필요한 경험과 지식이 있다. 심리전문가는 마음이라는, 미로로 가득한 복잡한 도시의 지도제작자다.

　환자의 마음 지도를 만들다 보면 환자에게 악영향을 끼치는 부분을 제거하고 싶어진다. 사람을 피하는 환자가 더 이상 사람을 피하지 않게 하고 싶고, 충동적인 환자를 잘 참는 사람으로 바꾸고 싶다. 환자에게 좋은 영향을 끼치는 부분은 계발하고 싶어진다. 재능을 키우고 싶어진다. 환자의 마음을 재개발하고 재건축하고 싶어진다. 그를 바꾸고자 하는 생각에 사로잡힐 때가 있다. 그런데 지도의 쓰임

새가 지형지물을 바꾸기 위해서가 아니었듯이 마음 지도의 역할 역시 환자의 마음을 바꾸는 것은 아니어야 한다. 환자에게 자신의 좋은 점과 나쁜 점, 강점과 약점을 알려주고 스스로 자신에게 맞고 편한 것을 선택하게끔 도와줘야 한다.

06

나만 건넬 수 있는 말

조현병 환자들은 환청, 망상 때문에 고통 받는다. 환자들은 혼자서 묻고 대답하면서 중얼댄다. 마치 핸드폰으로 누군가와 대화를 하는 것같이 보이기도 하는데 손에는 핸드폰도 쥐어져 있지 않고, 귀에는 이어폰도 꽂혀 있지 않다. 때로는 혼자 소리 내어 웃고, 바보같이 미소를 띠고, 얼굴을 찡그렸다가 폈다가 하기도 한다. 때로는 이러한 행동이 타인의 오해를 불러일으키기도 한다. 이렇게 환청이 있으면 오래 집중해서 무슨 일을 할 수가 없다. 때로 헛것이 보이기도 한다. 이러한 현상을 '환시'라고 한다.

/상식적인 말을 반복하지 않기/

환자들은 환청과 환각, 환시에 대처하기 위해서 나름대로 다양한 방법을 사용한다. 어떤 이는 용기를 내서 가족에게 환청에 대해 이야기한다. 오래 치료받은 환자들은 환청이 심해지면 약의 용량을 늘려달라고 먼저 부탁하기도 한다. 하지만 가족들은 어떻게 대처해야 하는지 막연하고 두렵다. 그러다 보니 환청을 경험하는 환자에게 환청의 내용에 대해서 듣고 나서는 당황하거나 놀라서 못 본 척, 못 들은 척하기도 한다. 익숙하지 않기 때문이다.

인간은 이성적이고 합리적인 생각을 해야 한다고 여긴다. 이러한 이성, 합리, 정상의 반대편에는 '광기'가 자리한다. 우리가 가진 상식으로 광기를 이해하고 받아들이기란 불가능하다. 그래서 못 본 척하고 싶은 것이다. 용기를 가지고 힘들게 이야기를 꺼낸 환자에게 이러한 태도는 실망만 안겨줄 뿐이다.

어떤 이는 환자가 이러한 증상을 이야기하면 '사실이 아니니까 무시하라'고 한다. 하지만 환자에게 환청을 무시하라고 강요해서는 안 된다. 이러한 태도는 환자와의 다툼을 유발하고 환자는 분노를 경험하고, 점점 더 자신만의 세상으로 빠져들게 된다. 하지만 가족들의 입장에서는 환자가 상식을 벗어났다는 것이 불안하다. 그러다 보니 상식적인 말을 반복하게 마련이다. 고통에 공감하면 환자의 광기를 부추기는 것 같아 '상식'적으로 대하는데 그럴수록 환자는 더욱 위축된다. 다른 예를 한번 살펴보자.

> 분리불안이 있으면 아이가 엄마와 떨어지려고 하지 않는다.
> 주위에서는 지금 어린이집에 보내지 않으면 아이가 의존적
> 이 될 것이라고 충고한다. 아이의 독립심을 키워야 한다는
> 생각에 억지로 어린이집에 보내는데 오히려 역효과가 난다.
> 아이는 어린이집에 가서 하루 종일 불안에 떤다. 사회성이
> 발달하기는커녕 오히려 평생 불안한 아이로 클 수 있다.

억지로라도 아이를 어린이집에 보내라는 상식적인 충고 때문에 오히려 아이를 평생 불안에 시달리게 만드는 것이다. 이런 경우 일단은 부모와 아이가 충분히 시간을 보내는 것이 중요하다. 나중에 아이가 크면서 말도 잘하게 되고, 기억력도 발달하고, 눈치도 생기게 되면 사회성은 저절로 발달한다. 상식적인 충고는 끝도 없다. 우울증 환자, 분리불안, 사회공포증 환자에게 의지로 이기라는 것은 말이 안 된다.

노벨 경제학상 수상자인 대니얼 카너먼은 그의 책 《생각에 관한 생각》에서 생각을 '제1생각 시스템'과 '제2생각 시스템'으로 나눈다. 제1시스템은 상식적인 생각을 한다. '생각이 없는 생각'이다. 누군가에게 충고를 할 때 제1시스템에 머무르는 경우 아무런 도움이 안 된다. 내가 하는 상식적인 충고는 이미 조언을 구하는 이도 알고 있다.

제2시스템이 움직여야 한다. 제2시스템은 집중해서 생각해야 작동을 한다. MMPI 검사에는 'SC 척도'라는 항목이 있다. SC 척도를 살펴보면 점수가 높을수록 엉뚱하다. 반대로 점수가 낮을수록 상식적이고 다른 생각을 하지 못한다. SC 점수가 낮을수록 제1시스템만 돌아간다. 그런데 충고를 할 때는 어떻게 해서든 제2시스템을 작동하도록 노력해야 한다.

유난히 빤한 이야기를 끝없이 상대방에게 말하는 이들이 있다. 이런 사람들이 많이 쓰는 방어기제가 지식화intellectualization다. 받아들일 수 없는 충동과 욕구로부터 자신을 방어하기 위해서 지적인 능력에 의존하는 것이다. 감정을 억누르고 장황한 논리를 주장하기도 한다. 심리상담을 받는 사람들 가운데도 심리학 이론에 빠삭한 이들이 있다. 이러한 사람들은 상담하는 전문가가 무슨 이론에 속하는지 마치 시험을 보듯이 따지기도 한다. 전문적인 용어를 사용해서 스스로에 대해 해석을 하는 것은 물론, 치료자의 말이나 행동에 대해서도 분석한다.

심리치료는 감정이 동반되어야 하는데 환자의 지식화된 행동은 감정이 개입될 여지를 사전에 차단한다. 감정이 배제되어 있는 상태에서 지나칠 정도로 지적인 측면으로만 접근한다. 즉 감정을 제외하기 위해서 지나칠 정도로 지적으로 방어를 하는 것이다. 이런 이들은 타인에게 충고를 하면서도 상식에 해당되는 지식을 나열한다. 하지만 그것이 상대방이 처한 현재의 상황과 얼마나 연관이 있는지,

얼마나 도움이 될지에 대해서는 신경 쓰지 않는다.

/ 나만의 조언 /

그렇다면 상식적인 충고 대신 나만의 충고를 하려면 어떻게 해야할까? 충고에 앞서 조사를 해보자. 그리고 내가 하고자 하는 말을 상대방으로부터 듣는다면 어떨지 한번 생각해보자. 가능하다면 글로써보자. 상식적인 충고보다는 차라리 아무 조언도 하지 않는 것이 바람직할 수도 있다.

'집중력'에 대해 '나만의 충고'를 해보려고 한다. 예를 들어 자세히 살펴보자. 집중을 못하는 것이 자신의 문제라고 생각하는 이들이 적지 않다. 어떻게 해야 집중력이 생길지 조언을 구하곤 한다. 집중력이 안 좋아서 자존감이 낮아진다고 느끼는 이들도 있다.

그런데 생각보다 늘 집중하고 있는 이들은 많지 않다. 사람은 자신에게는 관대하고 남에게는 인색한 양상이 있다. 어려서부터 부모에게 들은 집중을 하지 못한다는 질책에서 비롯되기도 한다. 자주 야단맞다 보니 우리는 집중력 콤플렉스에 시달린다. 하지만 그렇게 어려서부터 우리를 야단친 부모, 선생이라고 해서 대단한 집중력을 지녔을까? 그렇지 않았을 것이다. 집중하지 못하는 건 문제가 아니다. 그렇게 대단한 집중력을 지닌 사람도 없다. 그저 남이 이야기하면 알아듣고, 기억하는 집중력이면 충분하다.

집중을 못하는 사람은 타인이 자신을 안 좋은 시선으로 본다고 생각한다. 하지만 집중하지 못하는 사람들에게서 늘 나쁜 점만 보는 주위 사람들이 문제일 수도 있다. 인지심리학에서는 '상향식 집중'과 '하향식 집중'이라는 용어를 사용한다. 우리가 흔히 말하는 집중력은 하향식 집중력이다. 책을 읽어야지, 숙제를 해야지, 강의를 들어야지 하며 뇌에서 시키는 대로 억지로 집중하는 것이다. 뇌라는 높은 곳에서 명령이 내려오기 때문에 하향식 집중이라고 한다. 그렇다면 상향식 집중이란 무엇일까? 길을 걷다가 갑자기 차가 튀어나오면 자신도 모르게 피하게 된다. 만약에 일상생활에서 변화가 일어날 때 감지하지 못하면 크게 다친다. 이렇게 자연스럽게 밑에서부터 발생하는 자극에 자신도 모르게 반응하는 것을 상향식 집중이라고 한다.

한번 자리에 앉으면 주위에서 무슨 일이 벌어져도 알아채지 못하고 공부하는 이들은 하향식 집중력이 강하다. 만약 하향식 집중력이 강한 사람이 의대생이라면 수석으로 의대를 졸업할 것이다. 하지만 하향식 집중력이 강한 이가 응급실에서 근무하게 된다면 어떻게 될까? 지속해서 응급 상황이 터질 때 속수무책이 되기 쉽고, 어찌할 바를 모를 것이다. 상향식 집중력이 엉망이기 때문이다. 상향식 집중력이 강한 이들은 주위 자극에 민감하게 반응한다. 위험 상황에 놓이게 되면 상향식 집중력이 빛을 발한다. 임기응변에 능하다. 그저 하향식 집중력을 키우라는 상식적인 충고는 늘 적절하지는 않다. 집중할 수 없다고 자책하기에 앞서 내가 집중할 수 있는 대상을 찾는 것이 우선이다.

예를 하나 더 들어보려고 한다. 휴가에 대한 '나만의 충고'다. 휴가를 다녀오고 나면 사람들은 저마다 어디에 가서 무엇을 했는지 이야기한다. 아무 곳에도 가지 않고 집에만 콕 박혀 있던 이는 남들이 휴가에 대해 물으면 할 말이 없다. 더군다나 휴가 기간 동안 죽어라 일을 한 이는 더더욱 할 말이 없다. 휴가에 일을 했다고 하면 동료들로부터 타박받기 일쑤다.

신화학자들은 휴가의 기원을 축제에서 찾는다. 과거에 축제는 완전히 아노미anomie 상태였다. 모든 질서가 무너지는 순간이었다. 축제 기간 중에는 법도 예의도 없다. 완전한 혼돈 즉 아노미가 찾아온다. 그 안에서 나 자신도 해체된다. 욕망에 사로잡혔던 이는 욕망을 잊게 되고, 과거에 사로잡혔던 이는 과거를 잊게 되고, 스트레스에 시달리던 이는 스트레스를 잊게 된다. 축제는 어떤 의미에서 기존의 내가 죽어 사라지고 새로운 나로 태어나는 과정이었다. 이러한 축제의 본능이 아직도 우리 안에는 남아 있다. 그렇게 우리는 휴가 때 일탈을 하게 되는 것이다.

사람에 따라서 상황에 따라서 맞는 휴가 사용법이 있다. 각자에게 필요한 일탈과 휴식의 비율은 각각 다르다. 누구에게는 전적인 일탈이 필요하다. 또 다른 이에게는 전적인 휴식이 필요하다. 하지만 대

귀 기울임의 미학

부분의 사람들에게는 일탈과 휴식의 적절한 조화가 필요하다. 일탈과 휴식을 몇 대 몇으로 조합할지를 잘 결정해야 하는 것이다.

　육체적으로 지친 사람은 무조건 쉬어야 한다. 충분히 쉬고 치료를 받아서 건강을 회복하는 것이 최우선이다. 이와 달리 머리를 쉬는 것이 휴식인 이들도 있다. 특정 근육을 많이 사용하는 격한 운동을 하는 이들은 근육의 손상을 막기 위해서 스트레칭을 한다. 업무 스트레스에 시달리는 사람들에게는 마음의 스트레칭이 필요하다. 뇌는 피로를 표현할 방법이 없다. 따라서 그동안 머리에 쥐가 날 정도로 일을 했다면 머리를 안 쓰는 것이 최고의 휴식이다.

　휴식이 필요하지 않은 이도 있다. 주위에서는 쉬어야 한다고 하지만 이 사람에게 그것은 상식적인 말일 뿐이다. 그에게는 휴가가 필요 없고 일에 몰두하는 것이 곧 쉼이라고 생각한다. 결국 휴가를 보낼 때 가장 중요한 사항은 하고 싶은 대로 해야 한다는 것이다.

　상식적인 충고를 피하기 위해서는 일단 상대방이 이미 들어봤을 만한 충고는 무조건 하지 않아야 한다. 중요한 건 말의 내실인 것이다. 사람들은 자신의 이야기에 의미가 있다고 생각하곤 한다. 그런데 인간의 머리에서 나오는 생각은 비슷하다. 내가 하는 말은 대개 남들도 다 할 수 있다. 그런데 우리의 심리는 묘해서 똑같은 말이라도 왠지 남이 하면 뭔가 모자란 것 같고 내가 하면 왠지 다른 것처럼 느껴진다. 누구나 다 아는 말을 하는 대신 타인에게 귀 기울여 잘 들

자. 그리고 '생각'을 해야 한다. 다른 사람은 못하고 나만 제시할 수 있는 의견을 말해야 한다. 즉 해결사가 되어야 하는 것이다. 기왕이면 4번 타자가 되자.

07

무의미한 조언

교육부에서 6억 원을 들여 만든 '대한민국 성폭력예방교육 표준 안'의 내용이 황당해서 화제가 된 적이 있었다. "이성 친구와 단둘이 있을 때 성폭력을 예방하려면 어떻게 해야 하느냐"라는 질문에 교육 부 교재의 정답은 "단둘이 있는 상황을 만들지 않는다"였다. "친구 들끼리 여행 갔을 때 성폭력을 예방하려면"이라는 질문에 대한 정답 은 "친구들끼리 여행을 가지 않는다"였다. 하나마나한 충고다. 그런 데 인간이 이렇게 무의미하고 뻔한 충고를 타인에게 하는 이유는 무 엇일까?

/끈기에 대해서/

우리에게는 질문을 받으면 자동으로 대답하는 습성이 있다. 이렇게 아무 생각 없이 자동적으로 말하고 행동하는 것은 어떤 점에서 본능이다. 약속 시간이 한참 남았어도 버스가 떠나려고 하면 뛰어가서 타고자 한다. 지하철 문이 닫히려고 할 때도 뛰어들다가 스크린도어에 걸리기도 한다. 엘리베이터에 타면 버튼을 눌러 빨리 닫으려고 하고, 지하로 내려가는 것을 올라가는 줄 알고 타서는 위층으로 가는 버튼을 눌러댄다. 그런데 엘리베이터가 지하에 멈추면 이미 눌렀던 버튼은 전부 무효화된다. 마찬가지로 어떠한 상황이 닥치면 고정관념대로 생각하고 무의미한 말을 뱉는다.

충고 역시 마찬가지다. 통하지 않는 충고는 아무리 정성스럽게 여러 번 해도 소용이 없다. 인간은 불완전하게 마련이다. 무언가를 더 이상 하지 않겠다고 결심하더라도 중간에 흐트러지기 십상이다. 그럴 때 질책하기보다는 그동안 참았던 것을 칭찬하면서 다시 시작해보자고 말을 건네보자. 나쁜 습관에 대해 아무리 잔소리해도 바뀌지 않는다. 조금이라도 참았을 때, 조금이라도 줄었을 때 칭찬하고 용기를 주는 것이 더 효과적이다. 무의미한 야단보다는 덜할지 모르지만 무의미한 충고 역시 듣는 이의 입장에서는 상당한 고통이다.

누군가 뭔가를 시도하다 포기하면 자동적으로 끈기가 있어야 한다고 말한다. 하지만 일단 시도한 것을 칭찬해야 한다. 어렸을 때 주의력결핍과잉행동장애ADHD를 앓은 사람 가운데 나이가 들어서도 진득하게 앉아서 오래 일하지 못하는 이들이 있다. 그런 사람들은 끈기가 없다면서 자신을 탓한다. 이때 나는 생각을 바꿔보자고 이야기한다. 하루 종일 한 가지 일을 앉아서 하지 못하는 것을 단점으로 여기는 대신, 여러 군데를 돌아다니면서 계속 일할 수 있음을 장점으로 생각해보자는 것이다. 즉 방향이 잘못되었다는 점을 깨닫도록 충고한다.

마음의 불이 꺼지지 않으면 계속 무언가를 찾게 된다. 그러다 보면 자신에게 맞는 일이 나타난다. 그런데 시도하는 것 자체를 비관적으로 대하다 보면 마음의 불이 꺼질 수 있다. 진득해야 한다, 끈기가 있어야 한다는 무의미한 충고는 상대방의 자존감을 더 깎아내릴 뿐이다.

/ 갈등 대처 /

인간에게는 갈등을 피하고 싶은 경향이 있다. 어떤 이가 누군가와 싸웠다고 하면서 어떻게 해야 하느냐고 물으면, 싸우지 말고 사과하라고 조언하곤 한다. 하지만 사과하라는 충고처럼 무의미한 것이 없다. 사과는 본인이 하고 싶다고 해버리면 끝나는 것이 아니다. 상대방이 받아들여야 의미가 있다. 상대방 기분이 엉망일 때 아무리 사과해도 소용이 없다.

사과를 하는 것은 상대방의 기분을 풀게 하기 위해서다. 가해자와 피해자가 있다고 가정해보자. 아직 피해자는 사과를 받아줄 마음이 없는데 가해자가 일방적으로 사과하는 경우 오히려 마음이 더 불편하다. 피해자는 일단 마주치는 것만으로도 화가 난다. 빨리 용서를 받고 싶은 마음에서 계속 사과를 한다면 이것은 피해자를 위해서가 아니라 가해자 본인을 위한 일일 뿐이다. 피해자에게 그냥 참으라는 충고 역시 마찬가지다. 당사자가 원하는 것은 복수인데 아무리 용서하라고 해도 소용없다.

흔히 함께 일하는 사람들에게 잘해야 한다고 말한다. 이와 달리 허점을 보이면 안 되고, 사정 봐주지 않아야 한다고 충고하기도 한다. 이를 리더십 분야에서는 'X이론', 'Y이론'으로 설명한다. X이론에서 인간은 일하기를 싫어한다고 생각한다. 따라서 관리 감독을 철저히 해야 한다고 언급한다. Y이론에서는 인간은 동기만 부여되면 자발적으로 일을 한다고 본다. X이론을 믿는 이에게 어떻게 직원을 대해야 하느냐고 물으면 무조건 믿지 말라고 한다. 하지만 사람을 잘 믿는 이에게 직원을 믿지 말고 철저히 관리 감독하라고 충고하는 것은 무의미하다. 또한 사람을 안 믿는 이에게 직원을 믿고 권한을 부여하라고 충고해도 무의미하다.

세상 살다 보니 X이론도 틀렸고 Y이론도 틀렸다. 잘해준다고 해서 꼭 일을 잘하는 것도 아니고 반대로 다그친다고 해서 일을 잘하지 않는다. 사실 일을 잘하느냐 못하느냐를 좌우하는 것은 능력이다. 야단을 치든 칭찬을 하든 일을 못하는 사람은 못하고 잘하는 사람은 잘한다. 업무의 양과 난도가 그 무엇보다 중요하다. 일을 하는 입장에서 업무를 수행할 능력이 있어야 하며, 업무의 양과 난도가 적절해야 하며, 일을 할 수 있는 환경이 만들어져야 한다. 능력은 있는데 심리적으로 적응을 못하는 경우는 따뜻하게 배려해주는 것이 유효하다.

/ 의미 있는 배려 /

우리는 누가 불행에 처했다면 다가가 위로해주라고 한다. 하지만 당사자는 혼자 있고 싶어 할 수 있다. 따라서 불행을 당한 이에게 연락할 때는 조심해야 한다. 도움을 주고 싶어서 먼저 연락해도 상대방은 반가워하지 않을 수 있다. 사람들은 불행한 일을 당했을 때 일단 숨기고 싶은 본능이 있기 때문이다. 안 좋은 일이 있으면 사람들을 만나는 것도 피한다.

그런데 인간은 누군가 연락이 뜸하면 아무래도 궁금해진다. 본인은 걱정이 되어서 연락했다지만 대부분은 호기심 때문이다. 연락을 했는데 상대방의 대답이 분명하면 더 이상 할 말이 없다. 그런데 상대방이 주저하는 경우 힘든 일이 있나 보다, 짐작하게 된다. 이때 캐

묻는 사람들이 있다. 본인은 도움을 주고 싶어서 그랬다지만 상대방은 그렇게 생각하지 않을 때가 많다. 호기심 때문이라고 생각하고 불쾌해하기도 한다. 따라서 실질적인 도움을 줄 수 없다면 상대방이 먼저 이야기할 때까지 타인의 불행에 대해서는 언급하지 않는 것이 바람직하다. 분명한 도움을 주기 어렵다면 누군가 불행을 겪는 듯할 때는 일단은 옆에서 묵묵히 기다리는 것이 필요하다. 상대방이 청하면 그때 원하는 도움을 주면 된다. 지나치게 정성스럽게 충고해도 소용없다. 상대방이 필요한 것을, 원하는 만큼만 설명해주자. 뻔한 충고는 가급적 피하는 것이 좋다.

누군가 나에게 질문했을 때는 상대방이 원하는 것을 원하는 만큼 설명해야 한다. 중간중간 상대방이 이해하고 있는지 확인해야 한다. 그리고 지루해하지 않는지도 확인해야 한다. 상대방이 불필요하다고 하는 것을 아무리 설명해도 소용이 없다. 상대방이 알아듣지 못하게, 원치 않는 것을, 자세히 설명하는 것은 친절이 아니라 민폐다. 무엇보다 도움을 원치 않는 사람에게 충고하는 것처럼 어리석은 행동이 없다.

'도움-거절 불평help-rejecting complaining'이라는 심리기제가 있다. 힘들다고 하면서 도움을 청하는 것이 상식이다. 괴롭다고 말할수록 상대방의 동정심을 자아낼 수 있다. 그런데 세상을 살다 보면 마치 자신은 아무 도움이 필요하지 않다는 듯이 굴면서 상대방으로 하여금

귀 기울임의 미학

도와주게 만드는 이들이 있다. 어떤 이는 도와줄 기회를 준다는 듯이 잘난 척하기도 한다. 도움을 받을 수밖에 없는 상황을 만들면서 막상 도와주려고 하면 거부하면서 불평을 한다.

도움-거절 불평의 밑에는 상대방에 대한 분노와 비난의 감정이 숨어 있다. 따라서 계속 도와달라고 하면서 귀찮게 군다. 막상 도와주려고 하면 상대방의 충고나 도움을 거부한다. 이런 이들에게 아무리 충고해도 소용없다. 뭐라고 해도 못 들은 척, 도와달라고 하면 능력이 없다고 하면서 거리를 두는 것이 최선이다.

08

고통의 교환

심리학에는 '자의식'이라는 용어가 있다. 깨어 있는 동안은 의식이 활성화된다. 잠을 자면 의식이 비활성화된다. 깨어 있을 때라도 항상 똑같은 정도로 의식이 활성화되는 것은 아니다. 위험에 처하면 주위의 자극에 신경이 곤두서고 내 몸의 사소한 반응도 자각한다. 마음이 편해지면 의식 수준도 낮아지고 이완된다. 깨어 있는 동안 어떤 때는 의식을 활성화해야 하고 어떤 때는 의식을 약간 무디게 해야 한다. 항상 활성화한 상태로 지내다 보면 피곤함을 느끼게 된다. 지나치게 신경을 쓰면서 살면 삶이 버거워지는 것이다.

/ 흐트러질 수 없는 이유 /

자의식이 강한 이들은 남에게 흐트러진 모습을 보여주면 안 된다고 생각한다. 긴장을 풀 수 없다. '나'를 내려놓을 수 없고, 스스로를 고상한 존재라고 착각하기도 한다. 흐트러진 모습의 타인을 보면서 우월감을 느끼기도 한다. 그리고 자의식이 강한 사람들은 겉으로 표현은 하지 않을지 모르지만, 누군가 일탈을 할 때 속으로 경멸할 때도 있다.

자의식이 강한 이들 가운데 그렇게 될 수밖에 없는 상황을 경험한 사람들이 종종 있다. 충격적인 사건을 겪고 나서 트라우마 때문에 외상후스트레스장애PTSD를 앓으면 사소한 일에도 깜짝깜짝 놀라게 된다. 언제 어디서 맹수가 나타날지 모르기에 물을 마시면서도 연신 주위를 살펴야 하는 아프리카 영양처럼 말이다.

이러한 배경을 가진 자의식이 강한 이들은 어떤 것에 몰입하지 못한다. 그들은 인생을 살면서 실수하지 않으려 노력한다. 그렇기 때문에 불행을 피해갈 수 있을지도 모른다. 하지만 희열 또한 느끼지 못한다. 그리고 스트레스를 받았을 때 쌓아만 두게 된다. 타인의 일탈, 흐트러짐에 대해서 그들이 경멸하는 심리의 밑에는 부러움이 깔려 있기도 하다.

'자의식'이 강한 이들은 감정에 휘둘리지 않는다는 것에 대해 자부심을 지닌다. 그러면서 타인이 쾌락에 몰두하는 것을 용납하지 못한다. 따라서 '놀지 말고 공부하라'든가, '한눈팔지 말고 일하라'고 충고하기도 한다. 하지만 그러한 충고는 대부분 실패하게 마련이다. 내가 보기에는 쓸데없더라도 당사자의 입장에서는 말할 수 없이 즐거운 시간일 수 있기 때문이다. 누군가의 기쁨을 빼앗고 싶은 일을 하도록 충고하는 것은 바람직하지 않다. 구체적인 예를 한 가지 들어보자.

> 잠들기 전, 스마트폰을 한 시간 넘게 들여다보는 아이 때문에 고민인 부모가 많다. 중학생 자녀는 잠자리에 들어도 바로 잠드는 날이 없다. 스마트폰을 쥐고 한참이나 이것저것 하고서야 잔다. 시력에도 안 좋을 듯하다. 숙면에 방해될 텐데 그러면 안 된다고 아무리 충고해도 소용이 없다.

옆에서는 쓸데없어 보여도 당사자의 입장에서 모든 습관은 나름대로 이유가 있다. 특히 즐거움과 관련된 경우가 그렇다. 부모는 자녀가 스마트폰을 할 때 느끼는 기쁨이 마음에 와 닿지 않는다. 부모 입장에서는 쓸데없이 스마트폰을 만지작거리느니 빨리 자야 한다고 생각한다. 하지만 아이의 입장에서는 집에 와서 스마트폰을 할 때가 하루 중 유일하게 기쁨을 느끼는 시간이기 때문에 조금이라도 더 하고 싶다.

스마트폰이 시력에 미치는 영향은 제한적이다. 이러한 영향을 고려하면 나이가 더 많은 부모부터 스마트폰 사용을 중단해야 할 것이다. 스마트폰을 만지다가 잠을 다소 늦게 잘 수는 있겠지만 그렇다고 반드시 숙면을 취하지 못한다고 단언할 수 없다. 숙면이 문제라면 부모 역시 스마트폰을 안 하는 것이 맞다.

사실 부모들이 아이가 스마트폰 하는 것을 싫어하는 이유는 다른 데 있다. 공부 안 하고 딴짓하는 모습이 보기 싫은 것이다. 아이가 그 대신 밤늦게까지 TV를 봐도 싫고, 밤늦게까지 밖에서 돌아다닌다면 더욱 싫을 것이다. 하지만 잠을 안 자고 밤늦게까지 공부를 한다면? 눈을 망가뜨려도, 숙면을 방해해도 지금처럼 말릴 수 있을까?

부모는 아이가 스트레스를 풀기 위해서 하는 행동들을 쓸데없다고 여기기 쉽다. 그런데 인간의 뇌라는 것이 그렇게 돌아가지 않는다. 하루 종일 지루한 공부에 머리를 쓰면 그만큼 다른 일로 풀어야한다. 아이가 스마트폰을 덜 쓰게 하기 위해서는 공부하는 시간도 줄여야 한다.

인간의 뇌라는 것이 참 묘하다. 우리에게는 균형을 맞추고자 하는 본능이 있다. 몇 시간 공부를 하면 몇 시간 쓸데없는 일을 해서 시간을 보내야 한다. 진이 빠지도록 운동을 하면 잠을 자서 몸을 쉬게 한다. 하지만 스트레스를 받든, 집중을 해서 지겨운 일을 하든 정신노동을 하는 경우, 그에 상응하는 시간만큼 소일거리를 해야 한다. 잠을 자기 전에 오락이든, 만화책을 보든, 스마트폰을 들여다보든, 수다를 떨든 하게 되는 것이다. 그렇게 두뇌 스트레칭을 하고 나서 비로소 잠을 잘 수 있다. 따라서 스마트폰을 못 쓰게 하더라도 아이가 그 대신 스트레스를 풀고 재미있게 시간을 보내게 해야 한다.

또한 부모의 입장에서는 스마트폰 하느라고 늦게 자는 아이가 답답하겠지만, 아이의 눈에서 바라보면 늘 비슷한 줄거리의 TV 연속극을 챙겨 보고, 스마트폰으로 메신저에 답을 하는 부모 역시 한심해 보일 수도 있다. 본인은 하면서 자신에게는 하지 말라는 부모가 비합리적으로 여겨질 것이다. 아침에 일어나서 학교에 제대로 가기만 한다면, 아이가 밤에 스마트폰 하는 것에 대해 한마디 하지 않는 것은 어떨까?

/ 타인의 기쁨 /

안 좋은 취미나 습관은 중단하고 건전한 취미를 가져야 한다고들 한다. 술을 안 마시는 사람의 입장에서는 음주가 이해가 안 가는 나쁜 습관이다. 술 마시는 이의 기쁨을 느끼지 못하기 때문이다. 담배를 안 피우는 사람의 입장에서는 담배를 피우는 것은 도무지 이해가 안 가는 습관이다. 담배를 피울 때 느끼는 안도감을 본인은 느끼지 못하기 때문이다. 음반 수집가는 피규어를 수집하는 이가 이해가 안 가고, 피규어를 수집하는 이는 음반 수집가가 이해 안 된다. 새로 나온 신간 소설책을 모두 사서 수집하는 이는 새로 나온 DVD 타이틀

귀 기울임의 미학

을 사 모으는 이를 이해할 수 없게 마련이다.

도박을 한번 살펴보자. 도박 행위가 지속적이고 도박 때문에 스스로의 인생, 직장생활, 가족의 생활에 큰 문제가 발생했다면 '도박중독'이라고 말한다. 자신의 능력을 감안할 때 엄청난 경제적 손실을 입었고 무엇보다 법에 저촉되어서 엉망이 되었다면 '병적 도박'을 의심할 수 있다. 먼저 병적 도박과 일반 도박을 구분하는 데 가장 중요한 것이 추격매수 여부다. 도박중독치료 전문가들은 도박중독을 네 시기도 분류한다.

> 1단계: 승리 단계winning phase
>
> 2단계: 손실 단계losing phase
>
> 3단계: 포기 단계desperation phase
>
> 4단계: 절망 단계hopelessness phase

처음에 큰돈을 따면 승리 단계를 잊지 못해 큰 문제가 된다. 일반인은 손실 단계에서 자리를 털고 일어나는데, 병적 도박자들은 더 큰돈을 건다. 그것을 추격매수라고 한다. 때에 따라 빚도 얻는다. 포기 단계에서는 자포자기 상태가 되어, 말도 안 되는 범죄를 저지르기도 한다. 타인이 보기에는 틀림없이 걸릴 일이다. 하지만 자포자기 상태가 되면 빨리 돈을 따서 메꿔놓으면 된다는 황당한 생각을 진실로 믿게 된다. 마지막으로 절망 단계가 되면 도박을 할수록 패

가망신한다는 것을 받아들인다. 이 단계에서 단도박斷賭博 모임에 가입하는 사람이 있다. 통계에 따라 다르기는 하지만 병적 도박으로 치료 받는 이들 중 많게는 20퍼센트가 자살을 시도한다.

그런데 도박중독에 빠지는 이와 사교적 도박에 멈추는 이는 일정 부분 성향을 타고난다. 도박을 즐기는 이들은 자극추구 성향이 강하고 충동적이기 쉽다. 위험회피 성향이 매우 낮고 겁이 없는 이들은 흥분하면 돈을 잃을지도 모른다는 상식적인 생각을 하지 못한다. 이와 달리 액수가 일정 수준을 벗어나지 않는다면, 친구들끼리 모여 고스톱을 치거나 카드를 하는 것도 나름 괜찮은 스트레스 해소법이 될 수 있다.

특히 하루 종일 반복적이고 지루한 일을 하면 흥분을 일으키고, 재미있는 일이 필요하다. 뇌에서 재미있는 거리를 찾는 것이다. 누군가는 술로 보상을 하고, 누군가는 잠을 자서 그런 권태로운 상태를 해결한다. 또한 누군가는 게임을 하고, 다른 누군가는 도박을 해서 다시 몸과 마음을 짜릿하게 한다. 위험회피 성향이 어느 정도 높고, 일정 금액 이상 베팅하는 법이 없다면 억지로 심심풀이 고스톱과 카드를 멈출 필요 없다.

타인이 생각하기에는 밖에서 쓸데없이 시간을 보내는 것이지만 당사자에게는 그 시간이 필요하다. 만약에 도박을 중단하게 하고 싶다면 그에 상응하는 기쁨을 주어야 한다.

타인의 즐거움을 빼앗고 대신 괴로운 일을 시키려는 시도나 누군가의 나쁜 습관을 건전한 취미로 바꾸고자 하는 시도는 대체적으로 실패한다. 앞서 언급했듯이 쾌락은 쾌락으로 대치될 수 있기 때문이다. 예를 들어 알코올의존증인 이들 가운데 술을 끊으면서 운동을 열심히 하는 사람들이 있다. 이런 경우, 운동에서 쾌락을 느끼기 때문이다. 극한에 이를 정도로 달리면 뇌에서 쾌감을 일으키는 신경전달물질이 분비되면서 러너스 하이Runner's High라는 현상이 발생한다. 이렇게 운동을 하면서 쾌감을 느끼는 이에게는 운동이 중독을 대치할 수 있다.

하고 싶은 것을 못하게 저지하면 상대방이 말할 때는 잠깐 안 하는 척하면서 딴짓을 하게 될 수 있다. 이러한 기제를 '수동 공격 심리'라고 한다. 가장 대표적인 형태가 게으름이다. 앞에서는 틀림없이 할 것처럼 말하지만 게으름을 피우다가, 결국은 하지 않는다. '수동 공격자'는 겉으로는 상대방의 말에 무조건 따르는 것처럼 보인다. 일부러 방해하는 것은 아니지만 미루다 보니까, 게으름을 피우다 보니까, 어쩔 수 없이, 번번이 상대방을 화나게 하거나 마음 아프게 하는 일이 생긴다.

우리는 나쁜 습관을 좋은 것으로 대치하고자 한다. 하지만 어쩌면 현실적인 상황은 나쁜 것을 덜 나쁜 것으로 바꾸는 정도다. 도박중독자는 카지노에 가는 것보다는 인형 뽑기를 하는 것이 훨씬 낫다. 게임중독자는 게임을 하는 것보다는 술을 마시는 것이 낫다. 알코올

의존증이 있다면 술을 마시는 것보다는 게임을 하는 게 낫다. 또는 한 가지 나쁜 습관에 몰두하는 상황을 두세 가지 나쁜 것으로 대치하는 방법도 있다.

09

탓하지 않는 연습

인간은 힘든 상황에 놓이면 타인의 탓을 하곤 한다. 이렇게 누군가를 탓하는 데는 주로 '투사projection'와 '전치displacement'라는 방어기제가 작용한다. 투사란 자신이 받아들이기 어려운 충동, 욕구, 감정을 남의 탓으로 돌리는 것이다. 자신의 잘못으로 일을 망친 경우에 때때로 우리는 그 잘못을 남의 탓이라고 여기기도 한다. 자기 자신에 대한 분노를 외부로 투사하는 것이다. 투사가 나쁘기만 한 것일까? 그렇지는 않다. 인간이 너무 힘들고 괴로울 때는 자신의 잘못을 받아들이기 어렵다. 그 상황을 넘기기 위해서는 일정 부분 남의 탓을 하게 되는 것이다.

따라서 누군가 일이 잘못되어 타인을 원망할 때, 그 사람에게 엉뚱한 이 탓하지 말고 정신 차리라고 충고해도 상대방은 받아들이지 못한다. 오히려 분노를 부채질할 뿐이다. 일단 이야기를 잘 들어주고 속상하겠다고 위로해주는 것이 우선이다. 시간이 흐르고 두려움, 실망감, 분노가 사그라지면 대부분의 사람은 자신이 지나쳤다는 것을 저절로 깨닫게 마련이다.

/ 마음의 고통을 타인에게 /

남을 탓하는 것과 관련된 또 다른 방어기제로 전치를 들 수 있다. 어떤 대상에 대한 강렬한 감정이나 갈등을 보다 안전하다고 느끼는 대상에 향하게 함으로써 마음의 고통을 해결하는 것을 말한다. 다음의 예를 살펴보자.

> 평소에 절대로 화를 내지 않던 아버지가 어머니에게 크게 화를 내는 것을 본 뒤 심하게 놀란 아이가 있었다. 그다음부터 아이는 길에서 강아지를 보면 깜짝 놀라 울곤 했다. 전에는 길에서 강아지를 봐도 그렇게 무서워하지 않았다. 그런데 묘한 것은 아버지가 어머니에게 화를 냈던 일을 기억하지 못하는 듯 행동하는 것이었다.

귀 기울임의 미학

아버지에 대한 두려움이 강아지로 옮겨 간 것이다. 아버지에게 두려움을 느끼는 상황은 너무 힘들다. 아버지는 매일 대해야 한다. 평소에 자상하던 아버지가 어머니에게 화를 내는 것은 도저히 이해가 되지 않는다. 그리고 아버지를 피하면 자신도 미워하면서 화를 낼까 봐 아이는 무서웠던 것이다. 그래서 보다 안전한 대상인 강아지를 대신 무서워하게 된 이치다.

이렇게 전치가 이루어지기 위해서는 원래의 대상과 대치 대상 사이에 주관적인 유사성이 있어야 한다. 사례의 경우는 강아지가 짖는 표정을 보면서 무의식적으로 아버지가 화내는 모습과 비슷하다고 느낀 것이다.

심리치료를 받을 때 부모와 비슷한 인상을 가진 치료자에게 비협조적으로 대응하는 내담자도 전치를 하는 것일 수 있다. 이러한 전이를 일종의 전치라고 표현한다. 막상 부모에게는 좋은 감정, 싫은 감정을 표현 못하던 청소년이 상담자를 부모를 대치하는 대상으로 여기고 감정을 드러내는 것 역시 어떤 의미에서 전치다. 만약 자신이 화풀이하고 있다는 것을 스스로는 모른 채 무의식적으로 누군가에게 화를 내고 있다면, 그것도 일종의 전치다.

하지만 지나친 남 탓도, 지나친 내 탓도 문제 해결에는 도움이 되지 않는다. 세상에는 10:0의 잘못이 없다. 어떤 일이 잘못된 데는 일정 부분 남 탓이 작용하고, 나머지 부분은 내 탓이다. 내 탓과 남 탓의 비율이 7:3인 경우도 있고 3:7일 때도 있다. 누군가 지나치게 남 탓을 할 때는 내 탓도 인식하게 하고, 누군가 지나친 내 탓을 할 때는 남 탓도 인식하게 하는 것이 좋은 충고다.

조현병 환자의 부모는 자신 또는 무언가를 탓하는 경향이 있다. 환자를 올바르게 대하기 위해서는 우선 조현병을 하나의 질병으로 인정해야 한다. 멀쩡하던 젊은이가 어느 날 갑자기 엉뚱한 이야기를 하고, 혼자 중얼대면서, 집 밖에 나가지도 않으려고 한다. 설마 하면서도 걱정이 되어서 병원에 데리고 갔더니, 의사가 조현병이라는 진단을 내리면서, 평생 낫지 않고 약을 먹어야만 한다고 말하면 가족들은 절망하게 된다. 그런 절망 속에서 가족들은 자책하곤 한다. 가정을 하면서 원인을 찾게 마련이다. 어떤 경우에는 환자가 악화되는 것이 상대방 때문이라면서 가족들이 서로를 비난하기도 한다. 하지만 환자를 올바로 대하기 위한 가장 중요한 첫 번째 단계는 누구도, 그 무엇도 원망하지 않고, 병을 병으로서 받아들이는 것이다.

/ 내 탓, 네 탓 /

아무리 권해도 우울증 치료를 받지 않는 사람들이 있다. 사실 우울증은 일정 부분 타고난다. 본인의 입장에서는 우울증이 있다는 것을 인정하고 싶지 않다. 그러다 보니 우울증의 원인을 내부가 아닌 밖에서 찾게 된다. 우울증은 열 명 중 서너 명이 걸리는 질병이고,

환경은 영향을 주지만 결정적 요인이 아니다.

우울증은 뇌의 문제다. 타인 때문에 자신이 우울해졌다고 여기는 사람들은 치료를 거부하는 경향이 강하다. 우울증 치료를 받는 일을 자신이 문제라는 것을 인정하는 행위로 받아들이고 치료를 받지 않으려고 한다. 이는 마치 경기를 앞둔 선수가 부상을 치료할 생각은 하지도 않는 것과 같다. 우울증에 걸리면 똑같은 스트레스라도 강도가 심하게 느껴지고 해결 능력이 저하된다.

또한 의지가 부족하다고 스스로를 탓하는 것 역시 도움이 안 된다. 상담을 하다 보면 중독에 빠지는 이유에 대해서 묻는 이들이 많다. 가장 커다란 이유를 하나 꼽는다면 역시 뇌 때문이다. 중독은 상당 부분 뇌에서 기인한다. 알코올의존증인 사람들은 다른 이들에 견주어 술이 훨씬 더 강렬하게 뇌에 작용한다. 술은 원래 뇌를 억제하는 역할을 한다. 술을 마실 때는 불안이 다소 가라앉는다. 그런데 알코올의존증인 이들의 상당수는 술을 마시면 기분이 좋아진다. 그러다 보니 술에 의존하게 되는 것이다.

어려서 받은 트라우마 등 성장 과정에서 비롯된 심리적 원인은 부수적이다. 중독에 빠져 삶이 흐트러지고, 심리적으로도 취약해지며 자존감도 낮아지는 것이다. 스트레스가 심하면 중독도 심해지고 스트레스가 줄어들면 중독도 줄어든다. 중독에서 벗어나려면 어떻게 해야 할까? 우선 스스로 조절할 수 있다는 생각을 버려야 한다. 의지가 약하다면서 자신을 탓한다. 하지만 중독에 빠지는 뇌를 가지고 태어난 것은 자신의 탓이 아니다.

스스로를 탓하다 보면 의지만 강하면 문제가 해결될 수 있다는 헛된 희망에 매달리게 된다. 그런데 남의 탓도 말아야 하지만 의지가 약하다고 나를 탓하는 것 역시 중단해야 한다. 대신 치료를 받아야 한다. 자신의 의지로 끊을 수 있다는 생각은 치료를 멀리하게 만든다. 타인의 탓이라는 생각 역시 치료를 멀리하게 만든다. 내 탓도, 남 탓도 하지 말고 치료받기를 권한다. 내 잘못이 아니라는 것을 알아도 화가 나고 속상하다. 내 잘못이라는 것을 알아도 화가 나고 속상하다. 이성적으로 왜 그러는지 알아도 감정의 상처는 계속된다.

/ 죄책감에서 벗어나기 위한 인내 /

나를 미워할 수도, 남을 미워할 수도 없는 상황처럼 불편한 것이 없다. 이렇게 양립할 수 없는 갈등이 있을 때 죄책감이 발생한다. 죄책감은 후회를 동반하는 경우도 있고, 욕구를 동반하기도 한다. 죄책감은 괴롭지만, 죄책감이 없다면 인간은 맹목적이 된다. 그리고 죄책감을 겪지 않기 위해서 행동하기 전에 조심한다. 때로는 자신이 옳다는 것을 증명함으로써 죄책감에서 벗어나고자 한다. 그러기 위해서 인내하고 노력한다.

이익과 의리 사이에서 갈등할 때가 있다. 만약 자신의 이익을 위해서 누군가를 배신해야 한다고 생각해보자. 누군가를 배신하자니 마음이 괴롭다. 그렇다고 이익을 포기하자니 아쉽다. 결국은 배신을 선택한다. 그러고 나서 죄책감에 시달리게 된다. 욕망을 선택하고 나니 동정심 때문에 괴로운 것이다.

때로는 사랑과 증오 사이에서, 욕망과 책임감 사이에서 갈등할 때도 있다. 선택을 한 뒤에 상당한 죄책감에 시달린다. 그러나 시간이 지나 점점 익숙해지면 죄책감은 줄어들지만, 문제가 발생하면 다시 죄책감이 밀려든다. 이렇게 죄책감에 시달릴 때 사람은 우유부단해진다. 결정을 하지 못한다. 대신 결정을 해줘도 실천하지 못한다.

이러한 경우에 나는 '다른 사람들도 다 똑같다'고 말해주곤 한다. 그 누구도 같은 상황에서 더 나은 행동을 하지 못할 것이라고 말해준다. 죄책감을 극복하는 방법은 욕망을 포기하는 것도 행위를 잊는 것도 아니다. 죄책감을 감당할 수 있는 능력을 키워야 한다. 즉 아픈 만큼 성숙하도록 도와주는 것이다.

그러기 위해서는 우선 내가 무엇을 원하고 느끼는지 분명히 알아야 한다. 살다 보면 우리는 자신이 원하는 것을 무시하기도 한다. 욕망을 느끼면 실현하고 싶어진다. 실현할까 말까, 갈등하게 된다. 그러다 막상 실현하고 나면 허무해진다. 생각처럼 대단한 것이 아니다. 그러고 나면 불안해지고 죄책감에 시달린다. 그런데 욕망 자체를 억누른다고 문제를 영원히 덮을 수 있을까? 아니다. 욕망은 풍선과 같다. 한쪽을 누르면 다른 쪽이 부풀어 오른다.

죄책감을 느낀다는 것은 자신이 욕망을 제대로 인식하고 있고, 그에 따라 행동하고 있음을 의미한다. 그러다 보면 결국 죄책감은 극복된다. 익숙해지면서 욕망에 충실해지는 경우도 있다. 자신이 원하든 원치 않았든 상황이 종결되기도 한다. 뼈저린 후회 속에 더 이상 욕망을 추구하지 않게 바뀌면서 해결되기도 하는 것이다.

아울러 남 탓이 아닌 것을 남 탓으로 돌리거나 자기 탓이 아닌 것에 자기 탓을 하다 보면 문제를 제대로 파악하지 못한다. 개인의 문제를 시스템의 문제로, 시스템의 문제를 개인의 문제로 착각하게 되는 것이다. 다음의 예를 살펴보자.

> 업무 강도가 심하지 않을 때는 직원들끼리 크게 다툴 일이 없다. 그런데 일이 힘들어지고 회사 상황이 안 좋아지면 종종 직원들 사이에 다투는 일이 생긴다. 동료가 일을 미루면 짜증이 난다. 누군가가 대신해야 하기 때문이다. 부서장에 대해서도 불만이 많아진다. 회사 상황이 안 좋으니 부서장의 입에서 나오는 말 가운데 좋은 이야기가 별로 없다. 질책, 수당 삭감, 심지어 해고 같은 말뿐이다.

이 모든 일이 회사의 상황이 안 좋아서겠지만 우리는 개인의 탓으로 돌리기도 한다. 인간이 이렇게 조직에서 일을 하게 된 것은 기나긴 인류의 역사에서 얼마 되지 않았다. 선조들은 마을 단위로 작은 규모의 농사를 지으면서 살아왔다. 일이 잘못되면 개인의 탓인 경우가 많았다. 그러다 보니 우리는 시스템의 문제를 개인의 문제로 착각하기도 한다. 반대의 경우도 살펴보자.

100년에 한 번 닥치는 자연재해가 일어났다고 해보자. 그리고 도저히 막을 수 없는 사고가 일어났다. 우리는 어쩔 수 없을 때 시스템의 문제로 생각한다. 그러한 사고를 당연한 일로 받아들이지 못하기 때문이다. 모든 일에는 설명이 필요하다. 어쩔 수 없는 일이라는 것은 설명이 불가능하다는 뜻이다. 설명이 불가능하다면 결국 누구의 책임도 아니다. 결국 내가 운이 나빠서 이런 불행을 맞이하게 되었다는 것인데, 이를 받아들이기에는 너무 속이 상하고 허탈하다.

평범한 사람이라면 생각도 못할 실수를 하는 이들이 있다. 상상하기 어려운 악행을 저지르는 사람도 있다. 때로는 설명이 안 되는 사람들이 존재한다. 이런 경우 우리는 개인의 탓이라고 생각해도 분이 풀리지 않는다. 개인의 탓으로 돌리기에는 너무 억울하다. 그렇기 때문에 때로는 개인의 문제를 시스템의 문제로 귀결 짓곤 한다.

시스템의 문제를 개인의 탓으로 돌리는 경우, 문제는 해결이 되지 않는다. 개인을 처벌해도 시스템이 바뀌지 않는 한 또다시 문제가 발생한다. 반대로 개인의 문제를 시스템의 탓으로 돌리는 것 또한 문제다. 시스템을 갖추기 위해서는 엄청난 비용이 소요된다. 이러한 비용 때문에 누군가는 손해를 보게 된다. 아무리 시스템을 보완하더라도 확률상 일정 시간이 지나면 또다시 문제가 발생한다.

상식에서 벗어난 사람은 다시 상식에서 벗어난 행동을 하게 될 것이다. 따라서 개인의 문제를 시스템의 탓으로 돌리는 것 또한 문제다. 아무리 세상이 합리적으로 바뀌어도 비합리적인 인간은 존재하게 마련이다. 어떤 방식도 완벽할 수는 없는 것이다.

10

포기의 힘

'두 손에 떡을 쥔다'는 표현이 있다. 어린 꼬마가 양손에 간식을 쥐고 어찌할 바를 모르는 것을 보면 너무나 귀엽다. 하지만 어른이 되어서도 두 가지를 쥐고 어쩔 줄 모르게 되는 일이 생기기는 마찬가지다. 연인과 헤어질까 말까, 이혼을 할까 말까, 직장을 옮길까 말까, 시험을 포기할까 말까……. 고민할 거리는 많다. 모든 것을 다 가질 수는 없다. 하지만 어떤 선택을 하든 항상 미련이 남는다. 미련이 남아서 결정을 늦추다 보면 나중에는 내가 결정하는 것이 아니라 상황이 결단을 내게끔 한다.

양손에 쥔 것 가운데 하나를 포기해야만 할 때가 있다. 하지만 포기하고 싶지 않다. 이 상황이 유지되면 결국 어느 하나도 지키지 못하게 된다. 뭐 하나 포기하고 싶지 않은 이들은 어떻게 해야 아무것도 포기하지 않고 모든 것을 쥐고 갈 수 있을지 물어본다. 그럴 때는 어느 하나를 포기하는 것을 받아들이도록 충고해야 한다.

/ 카사노바와 돈 주앙 /

바람둥이에는 두 유형이 있다. 역사상 가장 유명한 바람둥이인 카사노바와 돈 주앙의 이름을 따서 '카사노바형'과 '돈 주앙형'으로 나누곤 한다. 카사노바형은 열정적이다. 그는 사랑하는 여성에게 모든 것을 바친다. 그 여성과의 사랑이 식으면서 새로운 사랑이 나타나면 다른 여성에게 눈길을 돌린다. 그의 마음속에는 한 여성만 있다. 동시에 두 여성을 사랑하지는 못한다. 하지만 공식적 관계가 끝나지 않은 상태에서 다른 여성과 사랑에 빠지기 때문에 결과적으로 바람둥이가 된다. 굳이 표현하자면 '열정형 바람둥이'다.

돈 주앙은 매력적인 여성을 정복하려는 욕망이 있다. '소유'하고 싶은 여성이 있으면 어떤 대가를 치르더라도 사귀고야 만다. 결혼을 한 여성이라도 대시한다. 그런데 그 여성이 자신에게 빠졌다는 생각이 들면 그때부터 사랑이 조금씩 시들해진다. 주변에 또 다른 매력적인 여성이 보이면 양다리를 걸친다. 새로운 여성을 '소유'하지 못한 상태에서 현재 사귀는 여성에게 버림받으면 안 된다. 그리고 막상 새로운 여성을 사귀게 되었을 때 생각처럼 좋지 않을 수 있기 때문에, 지금 만나는 여성에게는 비밀로 하고 새로운 여성을 사귄다. 확신이 서기 전까지 양다리를 걸친다.

새로운 여성이 현재의 여성보다 낫다는 확신이 서면 현재까지 사귀던 여성과 연락을 끊는다. 두 사람 사이에서 결정하지 못할 때는 제3의 매력적인 여성을 또다시 소유하고자 한다. 굳이 표현하자면 '소유형 바람둥이'다. 포기하지 못하기에 그의 바람 역시 멈추지 않는다.

/ 결혼에 대해서 /

이번 장에서는 결혼에 대해 이야기해보려고 한다. 자신이 원하는 조건을 모두 충족하는 상대를 만나기는 쉽지 않다. 원하는 조건이 세 가지라면 결국은 그중 한 가지는 포기할 수 있어야 한다. 기대치를 낮추고 욕심을 덜 때 좋은 사람을 만날 수 있다. 결혼이라는 관계는 세 가지 요소로 구성되어 있다. ① 성적인 상호 매력, ② 법적·경제적·사회적 구속력, ③ 정서적 상호 지지다.

첫째, 성적인 상호 매력에 대해서 살펴보겠다. 성적인 매력은 지속 시기가 그다지 길지 않다. 성적인 매력의 지속 시기가 길지 않은 것은 인간도 동물이기 때문이다. 대부분의 포유동물은 발정기를 지닌다. 암컷은 강렬한 페로몬을 분비하고 그에 따라 수컷이 흥분하게 된다. 하지만 인간은 특정한 발정기, 교미기가 없다. 매력적인 대상이 나타나면 성적인 유혹을 느끼지만, 상대방에 대한 성적인 매력은 일정 시기가 지나면 사그라진다.

둘째, 법적·사회적·경제적 구속력은 결혼을 함으로써 둘은 법적으로 맺어지고, 결혼이 종료되기 위해서는 이혼이라는 법적인 절차를 맞이하게 된다는 것을 일컫는다. 실효성에 대해서 많은 사람이 문제를 제기하지만 결혼을 함으로써 남녀의 만남이 법적인 구속력을 가지게 된다는 것은 부정할 수 없는 사실이다. 결혼은 두 사람의 만남을 사회적으로 공표하는 단계다. 지금은 맞벌이 가정이 늘어나면서 퇴색했지만 결혼은 상호 부양의 의무를 지닌다.

마지막으로 결혼에서 가장 중요한 측면인 정서적 상호 지지 관계를 설명하고자 한다. 이 삭막한 산업사회에서 외로운 마음을 달래줄 수 있는 가족이라는 존재가 바로 결혼에서부터 싹튼다. 매일 서로 얼굴을 맞대고 이야기한다. 인생의 모든 괴로움과 슬픔을 나눈다. 그 과정에서 자녀의 건강한 성장이라는 공동의 목표를 지니기도 하며 보람을 느낀다. 부부는 가장 친한 친구다. 모든 소득을 나누기에 서로 배신하려야 할 수 없는 의리 있는 친구다.

결혼 생활에서 어려움을 겪는 이들의 원인은 가장 중요한 정서적 상호 지지 관계를 간과하기 때문이기도 하다. 자신이 힘들고 외로울 때 위로를 받고, 상대방이 힘들고 외로울 때 위로를 해줄 수 있는 사람을 만나는 것이 좋다. 가장 중요한 것은 서로의 기쁨과 슬픔을 나누는 일이라고 생각한다.

우리는 막상 상황에 부딪치면 포기해야 하는 것은 포기하지 못하고 포기해서는 안 되는 것을 포기하곤 한다. 우선 자신부터 돌아봐야 한다. 억지로 어떤 조건의 사람을 사귀겠다는 생각을 버려야 한다. 서로 자연스럽게 사귀기 위해서 노력해야 한다.

결정이 어려운 경우는 이렇게 해도 손해, 저렇게 해도 손해일 때다. 나쁜 것과 더 나쁜 것 사이에서 결정해야 하기 때문이다. 좋은 것과 나쁜 것이 분명할 때는 비교적 결정하기가 쉽다. 좋은 쪽을 선택하면 된다. 그런데 갈등 상황에 놓이면 고민이 심해진다. 극단적인 상황이 아니더라도 우리는 살다 보면 나쁜 것과 더 나쁜 것 사이에서 선택해야 할 때가 있다. 그럴 때는 덜 나쁜 것을 선택하면 된다. 그리고 더한 고통과 덜한 고통은 없다. 지금 당하는 고통이 가장 크고, 자신이 당하는 고통이 가장 크게 마련이다. 현재 당면한 고통을 없애는 것이 최우선이다. 미래의 더 큰 고통이 겁이 나서 현재의 고통에서 못 벗어나는 우를 범해서는 안 된다.

Learning
to
Listen

3부

타인의 아픔을
듣는다는 것

01

알면서도 속아주기

상담을 진행하다 보면 내담자가 모든 이야기를 다 털어놓을 때도 있지만 감추는 듯한 상황도 있다. 이럴 때면 자신도 모르게 "다 털어놔 봐. 사실대로 말해야 내가 도울 것 아니냐"고 상대방을 다그치게 마련이다. 하지만 충고를 구하는 소극적인 이의 입장은 다르다. 털어놓을 수 없는 본인만의 사정이 반드시 있다. 창피해서, 거북해서 그럴 수도 있다. 이때, 상대방이 제공한 정보를 가지고 그의 입장을 헤아려보며 최대한 좋은 조언을 하기 위해서 노력해야 한다. 알면서도 속아야 할 때가 있다.

/ 거짓말의 함정 /

거짓말은 나쁜 일이다. 그리고 속는 것처럼 기분 나쁜 일이 없다. 하지만 상대방에게 무조건 거짓말을 하지 말라고 하면 멈출까? 우선 아이들부터 살펴보자. 자녀의 거짓말 때문에 화나고, 걱정하는 부모들이 많다. 그런데 부모들은 무조건 거짓말이 문제라고 하지만 거짓말도 가지각색이다. 물건을 훔치거나 다른 이를 모함하기 위해서 하는 악의적인 거짓말도 있지만, 다른 아이들이 전부 하는 일을 못하게 부모가 유난히 간섭을 하며 아이를 거짓말로 몰아가는 경우도 있다. 그렇기 때문에 아이들이 어떤 상황에서, 어떤 마음으로 거짓말을 했는지에 따라서 대처법 역시 달라진다.

우선 충동적인 아이들의 거짓말이 있다. 예를 들어 주의력결핍과 잉행동장애가 있는 아이들은 뭔가 생각이 나면 참지 못하고 그대로 한다. 부모가 야단을 쳐도 주의를 집중하지 못해서 한 귀로 듣고 한 귀로 흘린다. 부모의 입장에서는 아이가 소리를 안 지르겠다고 하고 소리를 지르고, 뛰지 않겠다고 하고 뛰고, 물건을 만지지 않겠다고 하고 만지니까 거짓말을 자주 한다고 말한다.

아이는 집중하기 힘들기 때문에 부모가 추궁하면 이 말 했다 저 말 했다 한다. 이런 아이들은 일부러 거짓말을 하는 것이 아니다. 결과적으로 거짓말이 된다. 그런데 아이를 아무리 야단을 쳐도 바뀌지는 않는다. 아이의 산만함, 충동성을 치료해야 거짓말이 사라진다.

귀 기울임의 미학

게임에 빠진 아이의 예를 한번 보자.

> 아이도 처음에는 부모에게 약속했듯이 딱 정해진 시간만 할
> 생각이었다. 하지만 한번 게임을 시작하면 부모와의 약속대
> 로 끝내지 못한다. 즉 아이가 딱 한 시간만 게임을 하겠다,
> 조금만 더 쉬고 공부를 하겠다고 말할 때는 진심인 것이다.
> 그런데 막상 게임을 시작하면 그 약속을 지키지 못한다.

아이는 부모에게 결과적으로 지키지 못하는 약속을 하는 셈이다.
그리고 약속을 지키지 못했으니 거짓말을 한 셈이 된다. 약속을 지
키지 못한 아이에게 잔소리를 해도 소용은 없다. 아이가 게임에 몰
입하지 못하도록 상황을 만드는 것이 중요하다. 상황을 바꾸지 않고
계속 약속을 받아내는 것은 결과적으로 아이를 거짓말쟁이로 만들
뿐이다.

또한 부모의 과도한 통제가 문제 되는 경우도 있다. 하루 종일 살
인적인 스케줄로 아이를 통제하는 부모가 종종 있다. 아이는 쉴 틈
이 없다. 어디에 가서 무엇을 하면서 시간을 보내야 할지 부모가 정
해준다. 정해진 곳에서 조금만 벗어나면 끝없는 잔소리가 이어지고
때로는 체벌도 따른다. 아이는 숨을 쉬기 위해서 어쩔 수 없이 자신
만의 비밀 공간을 마련해야만 한다. 부모가 아이의 일거수일투족을
모두 지배하고 있다. 그런 와중에 비밀 공간을 만들다 보니 아이는

거짓말을 하게 된다.

　본인이 잘못해놓고 혼을 내면 억울하다는 아이를 부모는 이해할 수 없다. 이러다 나쁜 아이가 되지 않을까, 걱정도 된다. 그러다 보니 더 심하게 혼내고, 아이는 더 교묘하게 잘못을 감추는 악순환이 벌어진다. 도대체 어떻게 해야 할까?

　우리도 어린 시절을 돌이켜 보면 다 부모에게 거짓말 한 번씩은 했다. 나이가 들면서는 안 들키고 거짓말을 한다. 그런 점을 생각해 보고, 부모는 때로 속는 셈 치고 자녀를 믿어야 한다. 거짓말을 했는지를 확인하고자 할 때도 다그치기보다는 따뜻하게 위로하는 것을 권하고 싶다. 그러면 어느 순간 아이가 자신도 얼마나 힘들었는지 이야기할 것이다. 알면서도 속아주는 것이 때로는 미덕이다. 그런데 만약 거짓말이 여러 가지 상황에서 반복적으로 일어나면 심리검사를 통해 정서를 한번 확인해보고 놀이치료나 미술치료를 통해서 마음을 보듬어주는 것도 좋다.

/ 어른들의 거짓말 /

　어른들은 왜 거짓말을 하는 걸까? 거짓말을 해서라도 '자랑'을 하고 싶은 이들이 있다. 남들이 봐도 뻔한 거짓말을 하며 유머를 주고받기도 한다. 이런 현상을 심리학에서는 '나르시스틱 narcistic', '자기

애', '자기도취', '자기과시', '자기위로' 등의 용어로 설명한다.

어렸을 때는 누구나 자기가 원하는 대로 이룰 수 있다고 믿는다. 무엇이 되고 싶냐고 물으면, 사업가, 프로야구 선수, 의사, 과학자 등등 자신의 꿈을 이야기한다. 이 질문에 낮은 임금을 받고 지루한 일을 하는 노동자가 되고 싶다고 대답하는 경우는 없다. 그런데 나이가 들면서 자신이 원하는 것을 다 이룰 수 없음을 알게 된다. 아이들은 현실이 녹록지 않다는 것을 깨닫는다.

어른이 되어서도 이런 심리는 잘 사라지지 않는다. 그래서 성인 역시 무리해서 자기과시를 하곤 한다. 그런데 자기과시조차 불가능한 현실에 처하면 어떻게 할까? 엄청난 스트레스와 절망에 사로잡힐 것이다. 나를 모르는 이에게라도 거짓말을 해서 자신을 과시하며 위로를 받기도 한다. 비록 거짓이라도 상대방이 칭찬을 해주면 기분이 좋다. 이런 경우 굳이 거짓임을 지적하는 것이 의미가 없다.

때로는 누군가를 속일 때 일종의 자아도취에 빠지기도 한다. 양치기 소년이 거짓말을 했던 이유는 상대방을 속이는 재미가 있었기 때문이다. 자신이 전지전능하다는 느낌을 가지는 것이다. 거짓말을 하면서 누군가를 통제한다고 생각한다. 이런 경우 아무리 거짓말이 악의적이라 한들 지적해도 별 소용이 없다. 오히려 속아주는 척하면서 상황을 역으로 이용해야 할 수도 있다. 그리고 자신의 이익을 위해서 거짓말을 하는 경우가 있다. 가정폭력 가해자들의 예를 보면, 평판을 유지하기 위해서 좋은 사람인 척한다. 이럴 때는 가해자를 설득하기보다는 피해자를 도와줘야 한다.

우리는 흔히 상대방이 거짓말을 한다고 표현하지만, 사실 다 같은 거짓말이 아니다. 본인이 거짓임을 알고 하는 것과 본인도 진실이라고 생각하면서 하는 것이 있다. 한 가지 예를 살펴보자.

집에서 친구와 함께 시간을 보내던 중, 갑자기 불이 났다. 당신은 위험에서 친구를 겨우 구해냈다. 그런데 그 친구는 불이 나기 전에 당신이 자신을 때렸다는 생각을 하게 되었고, 그에 반하는 증거도 없다. 친구는 경찰에 당신을 고발했는데, 알고 보니 친구에게는 뇌손상이 있었다. 당신은 어떻게 할 것인가?

위의 예에서 친구는 뇌에 이상이 있어 진실과 거짓을 구분하지 못했다. 눈으로 보았지만, 잘못 기억하는 것이다. 미국에서 어떤 여성이 정신분석을 받다가 그동안 까맣게 잊고 있었던, 자신이 아버지로부터 강간을 당했다는 기억이 떠올라서 아버지를 고소했다. 피해자는 너무 무서운 기억이어서 억압되어 있었다고 주장했고, 아버지는 무죄를 주장했다. 그러면서 수십 년 동안 떠오르지 않았던 기억을 생각해낸 경우, 그것이 과연 진실이냐 아니냐에 대한 논쟁이 벌어졌다. 한 심리학자가 사실이 아닌 기억을 심는 실험을 했는데 상당수의 환자가 조작된 기억을 진실로 믿는 것이 확인되었다.

일상에서도 남편과 아내의 기억이 다르고, 부모와 자식의 기억이 다르다. 이럴 때는 서로 자신의 기억이 맞는다고 주장할 수 있고, 일부러 거짓말을 하는 것은 아니다. 하지만 상대방이 자신의 거짓말을 사실로 믿더라도 용서할 수 없는 경우가 있다. 기억의 왜곡이 일어나 본인이 진실이라고 생각하면서 거짓말을 하면 질책해서는 상대방의 생각을 바꾸지 못한다. 이럴 때는 긍정도 부정도 하지 않으면서 상대방의 아픔에 공감해주는 태도가 필요하다. 거짓말쟁이로만 몰아가면 자신의 생각을 받아들이지 않는 부모, 사회, 세상에 절망하다가 자살이나 자해 등 극단적인 선택을 할 수 있다. 충고가 아닌 치료가 필요한 것이다.

/ 리플리 증후군 /

흔히 '리플리 증후군'은 거짓말을 반복하다가 자신이 실제로 그러한 사람이라고 믿으며 행동한다고 알려져 있다. 그런데 '리플리 증후군'은 정신과에서 통용되는 진단명은 아니다. 퍼트리샤 하이스미스의 소설《재능 있는 리플리》의 주인공 이름이다. 리플리는 우연히 부유한 남자를 죽이고 그 사람으로 행세하기 시작한다. 동명의 영화가 전 세계적으로 히트를 친 뒤 누군가 다른 사람의 행세를 하면서 다니는 경우를 리플리 증후군이라고 부르게 되었다.

리플리는 타인의 행세를 한다. 다른 사람들이 자신을 그 사람으로 대하면 순간적으로 착각하기도 하고, 중요한 사람으로 여겨진다는 것에 자아도취를 느끼기도 하지만 정작 자신이 누구인지를 망각하지는 않는다. 그렇기 때문에 자신의 신분을 감추려 든다. 그런 점에서 누군가 자신이 진짜 대단한, 다른 사람이라고 믿는 경우는 리플리 증후군이 아니라 과대망상이라고 표현하는 것이 맞다.

어떤 사람이 유명 대학에 합격하지 않았지만 대학교를 다니고 졸업장도 위조해서 자신의 이름으로 좋은 직장에 취직하는 경우, 그는 리플리 증후군이라고 할 수 있다. 그는 원래 신분을 감추기 위해서 노력할 것이다. 하지만 어떤 사람이 자신이 그 대학에 정말 다니고 있다고 진심으로 믿는다면 리플리 증후군이 아니다. 그 사람은 거짓말을 하는 것이 아니다. 자신이 진실을 말하고 있다고 생각한다. 하지만 그것이 사실이 아니기에 문제가 발생한다. 본인은 진실을 말하지만, 다른 사람들은 거짓말로 인지한다.

타인의 신분으로 위장을 하는 것이 목적인 '리플리 증후군'이라면, 타인으로 살아가는 시간이 길어질수록 들통이 날 확률 역시 올라간다. 그러나 시간을 돌리려야 돌릴 수 없는 상황이 되어버린다. 계속 속일 수밖에 없다. 아울러 진짜 자신의 모습으로 돌아간다는 것은 견딜 수 없이 끔찍한 고통이다. 오스카 와일드의 《도리언 그레이의 초상》에서 절대로 늙지 않는 주인공이 초상화 속의 자기 모습을 보고 고통 받던 것같이 말이다.

/ 모른 척하는 너그러움 /

　내가 남에 대해서 너그러워진 것은 뭐니 뭐니 해도 환자들을 진료하면서부터다. 환자들은 의사에게도 숨기고 싶은 것이 있게 마련이다. 고혈압이 있거나 고지혈증에 걸린 환자가 매일 술을 마시고 고지방 안주를 먹으면 혈압이나 콜레스테롤 수치가 조절되지 않는다. 의사는 술 마시면 안 되고 지방을 피해야 한다며 매번 확인한다. 처음에는 사실대로 이야기를 하던 환자도 물어볼 때마다 술 마시고, 지방을 과다하게 섭취했다고 의사에게 답하기가 미안하다. 그러다 보면 환자는 술도 조금 먹었고, 고기도 안 먹었다고 말하게 된다.

　사실인지 아닌지 환자에게 캐묻는 것은 아무 의미도 없다. 잔소리를 한다고 환자의 생활 태도가 어느 날 갑자기 바뀌는 것도 아니다. 잘 생활했다고 하면서 환자의 말을 믿는 척하는 것이 좋다. 그래야 환자가 꾸준히 찾아와서 약을 먹고 증상이 조절된다. 고혈압, 고지혈증, 당뇨병 같은 만성 신체 질환이 있는 환자들도 의사에게 정직하지 못한데 하물며 마음의 병을 앓는 환자들은 어떠할까? 처음 만난 의사에게 진실을 드러낸다는 것이 얼마나 힘들까? 엄청난 용기가 필요하다.

　그래서 환자들은 때때로 거짓말을 한다. 힘들고 괴로워서 도움을 청하기 위해서 왔지만 의사는 남이다. 남에게 치부를 드러내는 것은 쉽지 않다. 그렇기 때문에 아무리 의사와 환자 관계라도 말 못하는 부분이 있다. 나는 때로는 환자에게 말하기 싫으면 안 해도 된다고 분명히 알려준다. 환자라고 해서 의사에게 모든 것을 있는 그대로 털어놔야 하는 의무가 있는 것은 아니다. 특히 정신과에서는 더욱 그러하다. 의사가 믿을 만하다고 느끼면 환자는 가능한 많은 것을 이야기하고 위로받고 싶어 할 것이다.

나는 환자를 마주했을 때 캐묻지 않기 위해서 의도적으로 노력한다. 내가 어떤 것을 털어놓든 이해하는 의사로 비추인다면 환자는 나에게 모든 진실을 털어놓았을 것이다. 환자가 내게 거짓말을 한다면, 그것은 내가 아직 정신과 의사로서 자질이 부족하기 때문이다. 그리고 환자가 정신과 의사에게 숨기고 싶은 무엇인가가 있다는 것이 꼭 나쁘지만은 않다. 일정 부분 자신의 자존심을 지키고 싶다는 것이고, 의사 앞에서도 독립적이 되고 싶다는 표현이다. 그런 환자들은 필요하면, 그리고 때가 되면 나를 현명하게 이용할 것이다. 그래서 나는 환자를 보면서 알면서도 속아주기 위해서 노력한다. 온전히 속기 위해 노력한다. 환자는 거짓을 이야기했지만 의사가 진실로 받아들일 때 환자는 새로운 인간관계를 경험하게 된다.

가장 중요한 사항은 환자가 나를 찾아와서 도움을 받는다는 것이다. 환자의 이야기를 곧이곧대로 믿어주는 것이 정신과 의사의 가장 중요한 역할일지도 모른다고 생각한다.

충고를 하면서는 상대방을 믿으면서 믿지 않아야 하며, 동시에 믿지 않으면서도 믿어야 한다. 환자를 상담하다 보면 가장 중요한 것

귀 기울임의 미학

이 믿음이다. 환자들은 정신과 의사가 자신의 말을 믿는지 안 믿는지 민감하게 알아챈다. 인간은 의식적으로, 무의식적으로 거짓말을 한다. 그렇기 때문에 환자의 말이 항상 다 옳을 수는 없다. 하지만 환자가 나에게 이야기를 하는 순간은 그것이 참이든 거짓이든 내가 진실로 받아들여주기를 기대한다는 것을 깨닫게 되었다.

충고도 마찬가지다. 기껏 충고를 했는데 상대방이 자신의 뜻대로 행동하지 않으면 무시당한 것 같다. 하지만 그의 고민을 믿고 진지하게 대해준 자체로도 도움이 된 것이다. 그리고 비록 그가 충고대로 움직이지 않더라도, 지속적으로 나에게 조언을 구한다는 것은 나를 믿고 의지한다는 것을 의미한다. 믿고 의지할 곳이 있다는 데서 오는 안정감이 각각의 충고보다 더 중요하다. 길게 보면 충고 내용의 옳고 그름, 충고의 실천 유무보다 중요한 것이 누군가로부터 충고를 구하는 행위, 누군가에게 지속적으로 조언을 하는 행위 그 자체다.

02

객관적인 판단

아무리 좋은 충고를 해도 상대방이 받아들이지 않는 경우가 있다. 뤼디거 샤헤는 《마음의 오류》에서 인간을 잘못된 판단과 행동으로 이끄는 것에 대해 다음과 같이 정리했다. ① 콤플렉스나 이루지 못한 소원 같은 무의식, ② 두려움, ③ 방향이 잘못된 생각, 결정을 못함, 부정적인 사고방식 같은 사고思考의 문제, ④ 욕심, ⑤ 타인과의 갈등, 마음속의 갈등, ⑥ 슬픔, 분노 등의 감정, ⑦ 자기기만이 그것이다. 이러한 오류에 사로잡힌 이에게 아무리 열심히 조언해도 소용이 없다. 막연히 잘될 것이라고 용기를 줘도 받아들이지 못한다. 객관적으로 확신을 주지 않으면 안 된다.

귀 기울임의 미학

/ 불확실한 미래에 대한 불안 /

사람들은 미래가 불확실하다면 걱정을 한다. 그리고 적당한 걱정은 긍정적인 효과를 가져오기도 한다. 걱정을 해야 불확실성에 대비한다. 걱정하다 보면 조심하게 된다. 미래를 대비해서 자원 등을 아끼게 된다. 이와 달리 걱정에 사로잡혀버리면 결정을 하지 못하고 우유부단해진다. 걱정 때문에 일이 손에 잡히지 않으면 상황이 엉망이 된다. 결정을 해야 할 때는 두려움 때문에 적절히 결론짓지 못하고, 막상 버티어야 할 때는 무너져버리기도 한다.

분노하는 경우도 있다. 불확실하다는 것에는 양면적인 의미가 있다. 좋은 쪽으로 불확실할 때 우리는 미래에 대한 기대로 흥분한다. 짐작한 것보다 일이 잘 풀릴 때는 자신감까지 생긴다. 이와 달리 나쁜 쪽으로 상황이 점점 기울면서 불확실할 때는 짜증이 난다. 예상보다 훨씬 더 안 좋을 수 있다는 생각 때문에 화가 난다. 꼬리에 꼬리를 무는 분노가 일어 남의 탓도 하게 된다. 국가, 제도, 경쟁 등 때문에 일이 안 풀리는 것 같다. 이렇게 분노에 사로잡히면 앞이 보이지 않는다. 하지만 무엇인가를, 누군가를 원망하는 것만으로 불확실한 상황이 바뀔 가능성은 매우 낮다.

성급하게 행동하는 예를 살펴보자. 실수로 화재 경보가 울렸을 때, 입구에 사람들이 몰려서 어떤 이는 압사당하기도 한다. 인간은 일이 터질지도 모른다는 생각 때문에 마음이 급해지면 앞뒤 가리지 않고 일단 비이성적인 결정을 하게 된다. 인간은 긍정적인 미래가 있을 때 더 열심히 하게 마련인 것이다. 이와 달리 전망이 불투명하면 일이 더 힘들고 지겨워진다. 고생에 견주어 보상이 보잘것없는 것 같다. 그러고 나서 일이 이렇게 된 까닭과 상황을 되짚어 가며 후회하기도 한다.

그렇다면 정해지지 않은 미래에 어떻게 대처해야 할 것인가? 우선 불확실성을 정확하게 평가하고자 노력해야 한다. 냉정한 평가가 필요하다. 선택을 했을 때 결과가 분명하다면 쉽게 고를 수 있다. 하지만 늘 그렇지 않다는 데 문제가 있다. 사실 많은 이들이 미래가 불확실하다고 말할 때 적절하지 않은 표현인 경우가 많다. 타인이 볼 때는 이 사람의 미래가 확실하다. 서서히 그러나 확실하게 몰락하는 쪽으로. 하지만 본인에게는 미래가 불확실하게만 보일 수 있다. 쇠퇴가 확실하지만 받아들이고 싶지 않기 때문이다. 지금 그럭저럭 유지되고 있다면 앞으로도 지금처럼 이어질 것이라는 헛된 희망을 버리지 못한다.

이와 달리 굉장히 불확실성이 크더라도, 만사가 좋게 보이면 그때는 확실하다고 생각한다. 이러한 불확실성이 오히려 흥분을 자아낸다. 좋은 쪽으로 변화가 일어날 예정이라도 최종적으로 어떤 미래가 도래할지 알 수 없다면 이 역시 불확실성이 커지는 것이다. 그런데 이럴 때는 불확실하다고 말하지 않는다.

귀 기울임의 미학

/불확실성의 레벨/

인간은 어떤 일을 짧은 시간 안에 결정해야 하는 상황에 몰리면 불확실성을 과대평가한다. 조금만 불확실해도 미래가 너무나 불투명한 것 같다. 불확실성에도 레벨이 있다. 미국의 경영학자 휴 커트니와 제인 커크랜드는 불확실성을 흔히 네 가지로 구분한다.

레벨 1: 예측이 가능한 명확한 미래

레벨 2: 선택 대안이 있는 미래

레벨 3: 발생 가능한 범위 내의 미래

레벨 4: 완전히 모호한 미래

레벨 1은 사실은 예측이 가능하지만, 본인만 불확실하다고 생각하는 경우다. 앞에서 설명했듯이 흔히 나쁜 쪽으로 예측이 가능한데 본인은 부정하고 싶은 것이다. 레벨 2는 말 그대로 선택 대안이 있고, 레벨 3은 방향은 정해져 있는데 얼마나 변화할지 그 범위를 모르는 때다. 레벨 4는 아예 예측이 불가능하다. 예를 들면 대공황이나 혁명 직후가 레벨 4에 해당된다.

휴 커트니와 제인 커크랜드에 따르면 불확실성의 절반 정도가 레벨 2 또는 레벨 3에 들어가고 나머지 대부분은 레벨 1의 문제다. 불확실한 상황도 곰곰이 생각하면 방향이 보이게 마련이라는 뜻이다.

변화의 폭을 가늠하는 것 역시 어느 정도 가능하다. 그런데 대부분 사람들은 모든 문제가 예측 가능 또는 완전한 혼돈이라고 생각하는 경향이 있다. 따라서 불확실성을 대할 때 사실과 다르게 완전한 혼돈이라고 착각을 하고 두려움은 더해진다.

만약 실제 상황이 완전한 혼돈일 때는 아무것도 안 하는 것이 최악이다. 무언가를 시도해야 한다. 이때는 자신의 선택이 상황에 영향을 주게 된다. 모든 변수가 계속 역동적으로 움직인다. 그렇기 때문에 무엇을 선택하느냐보다 중요한 것이 어떻게 하느냐다.

모든 것이 우연히 원래의 계획과 반대로 돌아갈 때 '머피의 법칙'이라고 말한다. 그런데 내가 뜻한 바와 다르게 일이 벌어질 때 가장 먼저 생각해야 하는 것은 확률이다. 인간은 극단적인 행운과 불운을 강렬하게 기억하는 경향이 있다. 즉 자신에게 찾아온 행운과 불운은 기억하지만 그 사이의 운은 기억하지 못한다.

결국 모든 일이 반복된다고 가정을 하면 일어날 일은 일어나게 마련이다. 그런데 확률에서 벗어나는 행운이나 불행이 반복적으로 일어난다면 원인이 있는 것이다. 이럴 때 대부분의 사람은 운이 없다고 하거나 남을 탓하게 된다. 하지만 원인의 상당 부분은 자신이 제공하고 있다. 항상 지하철, 버스 시간이 착착 맞는다고 가정한다면 집에서 늦게 나오는 이는 약속 시간에 늦을 확률이 타인보다 높을 수밖에 없다. 그런 점에서 확률이라는 의미에서든 자신이 원인을 제공한다는 의미에서든 머피의 법칙이 일어날 일은 일어나게 마련이라는 말도 일정 부분 맞는 해석이다.

누군가 본인에게 재수 없는 일이 많이 생긴다고 하면 일단 기록해보도록 권하면 된다. 항상 지하철을 기다린다고 생각하는 경우 매번 지하철을 얼마나 기다리는지 기록해서 평균을 내보면 된다. 버스를 계속 아슬아슬하게 놓치는 경우 역시 나가는 시간과 버스를 타는 시간을 기록해보면 된다.

/성공 확률/

누군가 무슨 일에 도전해야 할지 말지 고민하다가 조언을 구하는 경우가 있다. 이럴 때는 어떤 충고를 해줘야 할까? 지나치게 낙관적으로 생각하다 보면 실패할 확률이 높다. 하지만 반대로 지나치게 비관적으로 생각해도 문제다. 해보나 마나 성공할 게 뻔한 일에 들뜨는 이는 없을 것이다. 실패할 줄 알았는데 막상 성공을 하면 더욱 기쁠 것이다. 이런 심리를 '성공 유인 가치Is, Incentive value of success'라는 공식으로 표현하는데 다음과 같다.

성공 유인 가치=1-성공 확률

성공 확률Ps, Probability of success이 100퍼센트인 경우 100퍼센트를 수

로 표현하면 1이다. 따라서 성공 유인 가치는 '1-1=0'이다. 성공해도 별로 기쁘지 않다. 성공 확률이 0퍼센트인 경우 수로 표현하면 0이다. 따라서 성공 유인 가치는 1이다. 성공 확률이 70퍼센트면 성공 유인 가치는 0.3이다. 성공할 확률이 적을수록 성공 유인 가치는 증가한다. 어려운 일을 해낼수록 성공 유인 가치는 커진다. 즉 성공했을 때 기쁨이 크다. 그런데 성공 확률이 0인 일은 막상 실현이 되면 엄청 기쁘겠지만 실패할 것이 너무 뻔하다.

로토 복권을 사는 경우가 그러하다. 1등에 당첨될 확률은 0에 가깝다. 따라서 성공 확률이 0에 가까운 일이다. 복권의 경우 가게에 가서 적은 금액을 지불하면 된다. 그렇기 때문에 성공 확률이 낮아도 시도한다. 이외에 실패할 것이 분명한 일에 상당한 노력과 시간을 투자하는 이들은 거의 없다. 따라서 성공할 확률이 0인 경우 역시 성취 욕구는 0에 가깝다.

그런데 성공한 사람들을 보면 성공 확률이 50퍼센트일 때 성취 욕구를 위해서 잠재력을 최대한 발휘하는 경향이 있다. 성취 욕구가 높은 사람과 낮은 사람의 성취 동기 역시 성공 확률이 50퍼센트일 때 그 차이가 가장 크다. 성취 욕구가 낮은 사람들은 평소에는 주어진 일을 할 뿐 위험을 감수하려고 하지 않는다. 안 해본 일은 기피한다. 평소에 기회가 찾아올 때 피함으로써 위험을 회피한다.

우리는 누군가에게 충고를 할 때 한 가지 의견만 이야기하는 경향이 있다. 그런데 때로는 상대방에게 필요한 충고를 했을 때, 기분 나빠하는 경우가 있다. 이럴 때 유용한 방법은 서너 가지를 제시하고 그 가운데 상대방이 고르게 하는 것이다.

제시하는 여러 예 가운데 한 가지는 '당사자가 가장 원하지만 내 생각에는 유용하지 않은 것'이다. 여기에 장점과 단점이나 잘될 확률, 안 될 확률을 각각 제시하면 좋다. 또 다른 한 가지는 '당사자가 가장 원하지 않지만 내 생각에는 괜찮은 방법'이다. 이 역시 장점과 단점을 각각 말하면 된다. 그리고 나머지 선택지는 어떤 점에서 부수적인 의미를 지닌다. 결국 충고를 하는 입장에서 권하는 의견은 분명하지만 보다 객관적 입장임을 보여주기 위해서 필요하다.

이렇게 서너 가지 예를 제시하면 당사자도 비교하면서 고민하게 된다. 그러면서 자신의 생각에 문제가 있음을 깨닫게 된다. 그런데 재미있는 것은 모양새를 갖추기 위해서 제시한 의견에 대해, 나중에 상당히 괜찮다고 여기는 경우가 있다는 것이다. 꼭 권하고 싶은 결정도 아니고, 상대방이 원래 고집했던 것도 아니었는데 제3의 옵션, 제4의 옵션으로 결정되기도 한다. 그리고 예상치 않게 그것이 최선의 선택일 때도 있다.

좋은 것과 나쁜 것 사이에서 선택을 할 때는 당연히 좋은 것을 선택한다. 좋은 것과 더 좋은 것 사이에서 선택을 할 때는 당연히 더 좋은 것을 선택한다. 그런데 나쁜 것과 더 나쁜 것 사이에서 선택을 해야만 할 때는 이러지도 저러지도 못한다. 둘 다 싫다. 나쁜 것도 싫고 더 나쁜 것은 더 싫다. 그러다 보니 선택하지 않고 미루다가 결국은 더한 불행을 당하게 된다. 그럴 때 나쁜 것에 점수를 매겨야 한다. 덜 나쁜 것을 선택해야 하지 않겠는가?

중요 변수 4개를 정하고 배점해서 결정하는 것도 도움이 된다. 직장을 옮길 때로 예를 들어보자. 이때 나는 당사자에게 직장을 다니는 데 가장 중요한 네 가지 요소를 정하라고 한다. 보수, 업무 강도, 인간관계, 출퇴근 시간, 이 네 가지라고 가정해보자. 먼저 100퍼센트를 만점이라고 하고 각각의 중요성을 백분율로 표현해본다. 만약 보수 50퍼센트, 업무 강도 20퍼센트, 인간관계 20퍼센트, 출퇴근 시간 10퍼센트라면 다음과 같이 요약할 수 있다.

보수: 0.5

업무 강도: 0.2

인간관계: 0.2

출퇴근 시간: 0.1

A 직장과 B 직장, 두 곳을 비교해보자. 앞서 나눈 4개의 요소를 가지고 두 직장에 대해 100점 만점으로 만족도를 매긴다.

	A 직장	B 직장
보수	80점	60점
업무 강도	30점	50점
인간관계	50점	80점
출퇴근 시간	100점	20점

A 직장과 B 직장의 만족도를 최종 계산하면 다음과 같다.

	A 직장	B 직장
보수	80×0.5=40	60×0.5=30
업무 강도	30×0.2=6	50×0.2=10
인간관계	50×0.2=10	80×0.2=16
출퇴근 시간	100×0.1=10	20×0.1=2
합계	66점	58점

점수에 따르면 A 직장을 고르는 것이 올바른 선택이다. 고민할 때 유용하게 쓰이는 방법이다. 어느 한 가지가 좋다고 무조건 하거나, 다른 한 가지가 싫다고 무조건 포기하다 보면 후회할지 모른다. 따라서 네 가지 정도 주된 결정 요소를 선택하고 배점을 해서 평가를 한 뒤 선택하면 후회가 덜하다.

지금 하는 일이 잘 풀리더라도 미래를 대비해서 새로운 일에도 관심을 기울이는 것은 어떨까? 10년 뒤 미래에 대처하기 위해서는 과거, 현재, 미래에 대한 시간 배분이 중요하다. 사람들은 주어진 시간의 대부분을 현재를 위해서 사용한다. 그리고 이미 벌어진 과거의 사건을 돌이켜 생각하거나 분노하는 데 시간을 들이기도 한다. 정작 미래에 필요한 일에 대해서는 시간을 어떻게 쓰고 있는가? 지금부터라도 정기적금 들듯이 미래를 위해서 시간을 쌓으면 어떨까.

03

물러서는 지혜

인간에게는 자신의 문제를 부정하고 싶은 본능이 있다. 이러한 심리를 정신분석에서는 '부정denial'이라고 표현한다. 살다 보면 견디기 어려운 고통을 겪기도 한다. 옆에서 보기에는 분명히 견디기 어려운 상황인데 당사자의 대처가 의아할 때를 살펴보자. 당사자에게 '많이 힘들지요' 하고 물으면 '하나도 힘들지 않아요'라고 웃으면서 대답하는 경우가 있다. 너무나 대단한 사람이지만, 사실은 현재 자신이 처한 고통스러운 상황을 의식의 차원에서 인식하면 도저히 견딜 수 없어 '힘들지 않다'고 생각해버리는 것일지 모른다.

/ 강한 부정을 녹이는 말 /

억지로 그렇게 생각을 하는 것이 아니라, 의식 차원에서 실제로 힘들지 않다고 느끼는 경우 '부정'이라고 말한다. '힘들지 않다'의 차원을 넘어서 마치 고통을 즐기는 듯이 행동하면 그때는 '반동형성 reaction formation'이 된다.

매일 아버지로부터 폭력, 폭언을 당하는 청소년의 예를 들어보자. 자신은 무척 괴롭지만 아버지를 나쁘다고 생각하면 더 이상 아버지와 함께 지낼 자신이 없다. 아버지를 떠나서 갈 곳도 없다. 이런 경우 이 청소년은 매일 욕먹고, 두들겨 맞으면서도 힘들지 않다고 의식한다. 더 나아가 아버지가 자신에게 폭력을 가하는 것이 이유가 있다거나 사랑하기 때문이라고 진실로 여기는 경우 합리화다. 도저히 감당하지 못할 감정이나 생각을 부정하는 것이다.

부정은 상담할 때 어려움을 야기한다. 치료자가 힘들겠다며 내담자에게 공감해도, 힘들지 않다고 부정하는 경우 치료자는 난감하다. 문제가 있어서 상담을 받고자 하면서 동시에 문제를 부정할 때는 무엇을 원하는지 알 수 없다. 고통을 부정하는 상대에게 '당신은 현재 고통 받고 있다'고 말할수록 부정은 더욱 심해진다.

이럴 때는 환자가 호소하는 표면적인 문제를 다루면서 기다리는 태도가 필요하다. 아무리 단단한 얼음도 계속 햇볕을 쪼이면 녹듯이 아무리 강한 부정도 언젠가는 서서히 그 강도가 줄어들게 마련이다.

부정하는 태도가 유지되더라도 환자가 지속적으로 상담을 받고자 병원에 찾아온다는 것은 도움을 청하는 무의식이 작동한다고 볼 수 있다.

문제가 없다고 주장하는 사람에게 '당신에게 문제가 있다'고 강요해도 받아들이지 못한다. 상대방이 억지로 인정해도 그때뿐이다. 자신의 마음을 상하게 한 사람은 더 이상 대하고 싶지 않다. 차라리 문제가 없다는 상대방의 생각에 동의해주는 척하면서 상담을 이끌어야 한다.

/ 내 마음 같지 않을 때 /

타인이 내 마음처럼 움직이기를 바라지만 상대방이 그대로 움직이는 경우는 흔치 않다. 그런데 때로 두 사람이 약속이나 한 듯이 서로 똑같이 느끼고 똑같이 생각하고 똑같이 행동하는 경우가 있다. 게슈탈트 치료에서는 이런 상황을 '융합Confluence'이라고 한다. 하지만 상대방이 다른 의견을 내고, 다른 행동을 하면 그때부터 문제가 발생한다. 갈등을 회피하다 헤어지기도 한다.

융합에 사로잡히는 이들을 보면 분리될 때 불안해하고, 독립할 용기를 내지 못한다. 그런데 융합 상태를 유지하기 위해서는 개별성을 포기해야 한다. 그러다 보면 내가 없어지고 관계만 남게 된다. 그리

귀 기울임의 미학

고 융합 상태를 지속하기 위해서 상대방이 조금이라도 나와 다른 의견을 보이면 어떻게든 설득해서 나와 같은 상태로 만들고 싶다. 본인은 충고라고 생각하지만 받아들이는 이의 입장에서는 강요다. 융합에서 벗어나려면 건강한 분리, 건강한 독립이 필요하다.

충고와 명령을 착각하는 이도 있는데, 충고는 상대방의 자발적인 의사를 전제로 한다. 상대방이 받아들이지 않아도 그만이다. 충고가 아닌 명령일 때, 상대방이 따르지 않으면 기분이 상한다. 들여다보면 충고의 탈을 썼지만 사실 자신의 말대로 하기를 기대하고 있었던 것이다. 이런 경우 상대방이 충고를 받아들이더라도 진심이 아니다. 상대방의 감정을 상하게 해서 불이익을 받을까 신경이 쓰여 받아들였을 뿐이다. 그냥 따르는 척할 뿐 조금만 시간이 흐르면 다시 원래대로 돌아간다. 충고를 가장한 명령은 상대방이 받아들이게끔 했더라도 결과가 좋지 않다. 충고는 상대방을 설득해야 한다. 그러다 보면 많은 생각을 거치고 내용이 풍요로워진다.

가끔은 직언성 충고보다 아부가 상대방에게도, 나에게도 차라리 더 도움이 된다. 스스로 건설적인 직언을 한다고 생각하지만 받아들이는 쪽에서는 감정적으로 구는 것으로 느낄 때가 있다. 본인은 맞고 상대방이 틀린 것 같지만, 상대방이 충고나 직언을 마다한다면 나름대로 이유가 있다. 때로는 내가 미처 생각하지 못한 부분을 고려하는 것일 수도 있다. 내가 무시당한다고 느낄까 봐 틀린 점을 지적하지 않는 경우도 있다. 상대방이 받아들이지 않는 이야기라면,

칭찬과 격려를 곁들이지 않으면 감정만 상하기 쉽다. 사실 아부도 칭찬의 한 형태인 것이다. 이럴 때는 작정하고 아부하면서 충고를 해보자.

흔히 누군가 무슨 일을 해보겠다고, 도와달라고 할 때 그 일이 안 될 것 같으면 말리게 된다. 그런데 실제로 그 일이 실패로 돌아가면 나중에 그 사람이 '그때 네 말을 들었어야 했다' 하면서 고마워할까? 그럴지도 모른다. 하지만 당신이 도와주지 않아서 실패했다고 원망할지도 모른다. 누군가 새로 사업을 하고 싶은데 어떻게 해야 잘되겠느냐고 물어보면 성공 확률이 낮을 경우 한 번은 말려도 된다. 그러나 상대방이 계속 해보겠다고 하면 두 번까지는 말려도 괜찮다. 그래도 그 사람이 같은 이야기를 꺼내면 마지막으로 한 번 더 말리자. 그 뒤부터는 이왕이면 조금이라도 실패할 확률을 줄이는 쪽으로 조언하는 것이 낫다. 아무리 이야기해도 소용없을 때는 억지로 이길 필요 없다. 적당히 져주는 것이 낫다. 결국 일이 잘 안 풀렸다면, 그때 가서 위로하며 다른 길을 알려주면 된다.

상담을 하다 보면 환자가 끝까지 아니라고만 하는 경우가 있다. 치료자가 환자를 위해서 조언했는데 끝까지 받아들이지 않으면 치료자도 사람인지라, 서운할 때가 있다. 하지만 우선 환자의 입장을 배려해야 한다. 상담은 환자와 치료자가 사람 대 사람으로 만나는 것이다. 마음속으로는 환자도 치료자의 말이 맞는다는 것을 안다. 하지만 인정하기에는 자존심이 허락하지 않을 때도 있는 것이다. 이

귀 기울임의 미학

럴 때는 져주는 지혜가 필요하다.

/ 너그러움이 필요할 때 /

인간이 살면서 가장 하기 힘든 것이 용서다. 용서란 어떤 점에서 남의 잘못을 넘어가주는 것이다. 어떤 이에게 잘못했을 때 용서하는 사람을 우리는 너그럽다고 한다. 너그러운 사람 앞에서는 무슨 말이든 할 수 있다. 실수할지 모르지만 너그러운 사람 앞에서는 새로운 것을 시도해볼 수 있다. 너그러움을 보여주는 가장 첫 단계는 져주는 것이다.

나는 환자가 잘못을 저질렀다고 하면 누구라도 다 그랬을 것이라고 말해주는 편이다. 내가 환자의 행동이나 생각에 대해 의견을 말했을 때, 환자가 틀린 것 같다고 하면 내가 잘못 생각한 것 같다고 말하면서 환자가 맞는다고 말해준다. 환자를 이기지 않으려고 부단히 노력한다. 그럼에도 때로는 지나치게 설명하는 경우가 있다. 설명이 지나치면 해석이 되고, 환자가 해석을 못 받아들일 때도 있다. 그럴 때면 환자의 생각에 동의한다.

특히 부모로부터 생각을 강요받으면서 자란 환자들의 경우, 치료자와 부모를 동일시하곤 한다. 치료자가 져주면, 환자들은 색다른 경험을 하게 된다. 그러다 보면 때로는 환자가 지난번 상담을 마치고 치료자의 말에 대해서 생각을 많이 했다고 먼저 이야기를 꺼내기도 한다. 때로는 치료자가 했던 말을 마치 스스로 해낸 생각인 것처럼 꺼내기도 한다. 하지만 상관없다. 어찌되었건 환자는 치료자의 말을 기억하고 생각했던 것이다.

대인 관계를 살펴보자. 누군가 잘못된 이야기를 하고 있을 때 바로잡고자 하는 것은 인간의 본능이다. 살다 보면 누군가에게 충고를 하게 될 때가 있다. 상대방이 눈에 뻔히 보이는 실수를 저지른다면 틀렸다고 지적하고 싶다. 누가 봐도 잘못된 결정을 하는 경우도 있다. 하지만 아니라고 말려봐야 소용없다. 인간은 비합리적인 동물이다. 논리적으로 따지면 자신이 틀렸고 내가 맞는다고 인정해야 한다. 하지만 그렇지 않다. 오히려 나를 피할 수 있다. 따라서 만약에 그 사람을 진심으로 위하고, 관계를 유지하고 싶다면 때로는 알면서도 네가 맞는다고 하고 넘어가주는 것이 필요하다.

굳이 이길 필요가 없다. 겉으로는 아니라고 하지만 속으로는 인정하거나 지금은 아니라고 하지만 나중에는 인정하는 경우도 있다. 누군가 잘못된 결정을 내리려고 할 때 우리는 선의로 설득하게 된다. 하지만 상대방이 계속 자기 의견을 고집한다면 생각할 시간을 주어야 한다. 누군가 상의를 해오는 것 자체가 사실은 스스로 확신이 없다는 증거다. 문제가 있다는 것을 어렴풋이 알기 때문에 의견을 구하는 것이다.

하지만 그동안 쭉 자신이 맞는다고 생각해온 경우, 생각을 바꾸는

귀 기울임의 미학

데 시간이 필요하다. 당장 오늘 상대방이 틀렸다는 것을 인정하고 다른 결정을 하게 할 수는 없다. 상대방도 자신의 생각이 틀렸다는 것을 알고 혼란스러울 수 있다. 혼란스럽다면 일단 결정을 유보하게 마련인 것이다.

자신이 틀렸다는 것을 인정하는 데는 고통이 수반된다. 상대방이 나의 콤플렉스나 문제점을 콕 집어내는 경우 마음이 아려온다. 약점을 인정하는 것처럼 괴로운 일이 없다. 여기에는 시간이 필요하다. 그리고 자신이 틀렸음을 인정하는 것이 자신감을 떨어뜨리는 경우가 있다. 갑자기 자신감이 추락하면 패닉이 올 수 있다. 따라서 바로 인정하기보다 서서히 인정하는 것이 나을 수 있다. 급착륙보다는 연착륙인 것이다. 한 발 물러서는 지혜가 필요하다.

04

따뜻한 말 한마디

앞서 언급했듯이 '전이'란 과거의 중요한 대상에게 가졌던 감정을 타인을 대하면서도 느끼는 것이다. 특히 환자가 치료자를 대상으로 감정을 전이하기도 한다. 엄한 부모 밑에서 자란 아이는 치료자를 대할 때 두려움을 지닌다. 치료자에게 뭔가를 말할 때마다 자신을 평가할 것이라고 생각한다. 인정받고자 치료자가 좋아할 만한 말만 한다. 나아지지 않았지만 나아지는 것처럼 이야기를 한다. 자신이 빨리 좋아지지 않는 것에 대해서 죄책감을 느끼기도 한다.

어떤 이는 누군가를 대할 때 저 사람이 지금은 잘해주지만 마음속으로는 자신을 싫어할 것이라고 생각하기도 한다. 이런 경우 치료 초반부에 환자는 치료자를 애먹인다. 치료자가 믿고 따를 만한지 시험하기 때문이다. 환자가 치료자에게 긍정적인 감정을 느끼면 '긍정적 전이'라고 하고, 부정적인 감정을 느끼면 '부정적 전이'라고 한다. 대체적으로 긍정적인 전이가 일어날 때 치료가 잘 진행된다.

충고도 마찬가지다. 상대방이 일단 나를 좋은 사람으로 받아들일 때, 나의 조언이 좋은 충고로 받아들여지게 마련이다. 따라서 냉정함보다는 따뜻하게 말을 건네는 것이 효과적이다. 하지만 누군가에 대한 감정은 늘 뜻대로 되지 않는다.

/ 마음 기댈 자리 /

정신분석에서 치료자가 환자에 대해 가지는 감정을 '역전이'라고 한다. 치료자 역시 자신의 경험에 따라 환자에게 무의식적으로 태도와 감정을 지니는 것이다.

역전이 현상에 사로잡히면 환자를 제대로 상담할 수 없다. 하지만 이를 올바로 인식할 수 있다면 역전이 감정은 치료의 좋은 도구가 된다. 환자가 치료자에게 불러일으키는 감정을 통해서 환자를 이해할 수 있기 때문이다.

이러한 전이-역전이 현상은 환자-치료자 관계에 국한되지 않는다. 자신과 동일시하며 상대방이 할 수 없는 것을 기대하고 강요한다. 누군가에게 충고를 하면서 자꾸 언성이 높아진다면 그것은 내가 부정적 역전이를 지니고 있는 것이다. 이런 경우 나는 아니라고 생각하지만 상대방은 내가 자신을 미워하고, 비난한다고 생각할 수밖에 없다. 나를 싫어하는 대상, 나를 미워하는 대상이 하는 충고가 귀에 들어올 리 없다. 충고를 하기에 앞서 누군가를 향한 내 감정과 태도를 해결해야 한다. 만약에 부정적인 태도와 감정을 주체할 수 없다면 차라리 조언을 하지 말자.

어린아이들을 상담하다 보면 미술치료나 놀이치료를 받고 있는 경우가 종종 있다. 그러면 나는 아이에게 힘들 때 치료를 받았던 선생님이 생각나는지 물어본다. 어떤 아이는 힘들 때 미술치료나 놀이치료를 했던 선생님이 생각난다고 대답한다. 미술치료나 놀이치료 시간에 힘들었던 이야기를 할 수 있다는 생각을 하며 괴로움을 참았다고 말하는 아이들도 있다. 이런 경우, 나는 부모에게 치료를 계속하도록 권한다. 그런데 미술치료나 놀이치료 선생님이 생각나지 않는다는 아이들도 많다.

아이들 이야기를 듣다 보면 아이가 놀거나 그림 그리는 것을 지켜보기만 할 뿐 함께하지 않는 선생님도 있다. 아이는 재미가 없고, 힘들어도 선생님에게 기댈 마음이 들지 않는다. 이럴 때는 나는 아이가 원치 않는 치료를 해도 도움이 되지 않는다고 부모에게 충고한다. 어떤 치료를 받느냐보다 중요한 것은 누가 치료하느냐다. 치료하는 이가 아이의 마음에 위로해주는 대상으로 자리 잡아야 한다. 이렇게 누군가가 마음속 심리적 대상으로 자리 잡는 현상에 기초한

귀 기울임의 미학

것을 '대상관계이론^{object relationship theory}'이라고 한다.

/ 취약해진 자아를 마주하며 /

20세기 중반까지만 해도 심리학자들은 아기가 처음 태어났을 때는 외부 환경을 제대로 인지하지 못한다고 생각했다. 하지만 태아가 우리들이 생각하는 것보다 훨씬 더 많은 것을 느낀다는 것이 현대의학에 의해 밝혀졌다. 배 속에서부터 바깥 환경에 민감하게 반응한다는 연구 결과들이 있기도 하다.

배가 고파서 엄마가 아이에게 젖을 물렸다. 아이는 엄마가 자신에게 젖을 준다고 생각하기보다는 배가 고파서 울면 젖이 주어진다고 생각할 뿐이다. 일종의 자동 시스템으로 인식한다. 똥이나 오줌을 싸면 기저귀가 축축하고, 불쾌해진다. 아이는 자신이 똥이나 오줌을 싸서 상황을 만들었다는 것을 알지 못한다. 그저 기저귀가 축축하고 나쁜 냄새가 나는 것이다. 그리고 울면 자동적으로 엄마가 기저귀를 갈아주고 엉덩이를 씻겨준다.

아이의 입장에서 자신에게 불쾌한 일이 생기면 '악'이고, 좋은 일이 생기면 '선'이다. 배가 고픈데 젖을 먹지 못하면 악이다. 따뜻한 포옹은 선이다. 아무도 씻겨주지 않으면 악이다. 스르륵 포근하게 잠이 들면 선이다. 악에는 필사적으로 울어서 대응하고, 선에는 천사 같은 미소로 대응한다. 선이라는 이미지 안에는 내 안의 좋은 감정과 외부의 좋은 대상이 섞여 있다. 악이라는 이미지 또한 내 안의 나쁜 감정과 외부의 나쁜 대상이 섞여 있다.

두려움 속에서 터질 듯한 분노로 울부짖을 때의 아기와 천사 같은 미소로 세상을 향할 때의 아기는 한 인간 안에 있지만 별개의 존재다. 한 육체 안에 선과 악, 두 마음이 존재한다. 아기는 아직 선과 악, 두 심리적 영역으로 분열되어 있다.

주체와 객체 역시 아직 혼재되어 있다. 처음에는 우유를 주는 대상이 항상 제한된 수의 사람, 어쩌면 단 한 명이라는 것을 모른다. 우유를 주는 이와 똥을 닦아주는 이가 동일하다는 것도 모른다. 하지만 아기는 알아나간다. 배가 고파 울면 누군가가 우유를 주어서 배고픔이 없어진다는 것을, 더 자려고 해도 누군가 억지로 깨운다는 것을. 선은 이제 분리된다. 내게 선을 행하는 대상과 누군가 선을 행할 때 느끼는 기쁨이 구분된다. 내게 악을 행하는 대상과 누군가 악을 행할 때 내가 느끼는 분노가 구분된다.

그 후에 찾아오는 것은 '위대한 짝짓기' 단계다. 비로소 아기는 기쁨을 주는 이와 슬픔을 주는 이가 같은 사람이라는 것을 깨닫는다. 기쁨을 느끼는 나와 분노를 느끼는 내가 같은 존재임을 깨닫는다. 좋은 나와 좋은 대상은 분리된다. 나쁜 나와 나쁜 대상은 분리된다. 그리고 나는 나끼리 대상은 대상끼리 짝을 짓는다. 좋은 나는 나쁜 나를 만나 하나의 '나' 안에 통합된다. 좋은 대상은 나쁜 대상을 만나 하나의 대상으로 통합된다.

　비로소 마음속에 희로애락이 모두 존재한다는 것을 알고 받아들인다. 세상에는 선한 사람도 있고 악한 사람도 있다는 것을 받아들인다. 때로는 하나의 대상, 즉 하나의 인간 안에 선과 악이 공존한다는 것을 받아들인다. 대상관계이론에 따르면, 이렇게 우리는 복잡한 세상을 견디기 위한 준비를 마친다.

　살다 보면 누구나 힘든 일을 당하게 마련이다. 그러다 보면 우리의 마음은 다시 취약한 아기 때로 돌아간다. 이렇게 어릴 적 마음으로 돌아가는 것을 심리학에서는 '퇴행regression'이라고 한다. 퇴행을 하면 합리적으로 생각하고 행동하지 못한다. 자아의 기능이 저하된다. 그래서 보조 자아가 필요하다. 누군가 나를 확실히 지지해주는 대상이 필요하다. 그럴 때 우리는 타인에게 충고를 구한다. 겉으로는 조언을 요청하는 듯 보이지만 심리적으로 기댈 수 있는 대상이 필요한 것이다.

　대체적으로 충고를 청하는 이들은 취약한 상태다. 몰라서든 혼란스러워서든 두려워서든 조금은 창피하고 부끄럽게 마련이다. 때문에 상대방의 태도에 민감하다. 따라서 가능하면 따뜻하게 충고를 해야 한다. 충고를 하다가 본의 아니게 가르치려고 들 수 있다. 자신의 무지가 드러나면 아무리 옳은 이야기라도 거부감이 든다. 충고를 구했는데 상대방이 의견을 강요하면 그 역시 거부감이 들고 부정하고 싶다.

따라서 가능하다면 따뜻하게 충고를 해야 한다. 상대방의 태도를 존중해야 한다. 여유 있게 상대방의 긴장을 풀어줘야 한다. 반복적인 대화를 통해서 내가 긍정적인 심리적 대상으로 상대방의 마음속에 받아들여지게 된다. 구체적인 내용보다 충고할 때의 따뜻한 모습, 긍정적인 태도가 상대방에게 더 도움이 될 수 있다.

/ 공감의 효과 /

현대에는 심리치료에서 '공감'이 중요시되고 있다. 한때 심리치료, 하면 의견을 제시하지 않고 무표정하게 듣기만 하는 치료자가 떠오르던 시절이 있었다. 환자의 말에 감정을 표현하면서 공감하면 객관적이지 않다고 지적하는 경우도 있었다. 환자가 치료자에게 너무 냉정하다고 말해도 그것은 환자의 저항일 뿐이라고 생각하면서 무시하기도 했다.

이렇게 냉정한 치료에 반대하는 새로운 목소리가 나타났다. 그 가운데 가장 대표적인 이가 칼 로저스다. 그의 이름을 따서 새로운 심리치료를 주장하는 이들을 '로저스 학파'라고 부르는데 이 학파에서는 효과적인 치료를 이루는 주요 특징으로 ① 정확한 공감accurate empathy, ② 무조건적인 긍정적 관심unconditional positive regard, ③ 진실성genuineness을 든다. 과거의 정신분석에서 냉정함이 중요했다면 현대의 정신치료에서는 따뜻한 공감을 중요시하게 된 것이다. 이렇게 무조건 잘 공감하는 것만으로도 효과를 보는 경우 '무조건적 치료 효과'라고 한다. 특징을 살펴보자.

- 신뢰할 수 있는 관계를 형성한다.
- 도움을 받아 나아질 것이라는 기대를 유지한다.
- 억압된 감정을 정화할 기회를 제공한다.
- 새로운 정보와 대안을 제공한다.
- 표면적으로 연관이 없는 것처럼 느껴지는 증상과 사건들을 관련짓는 논리와 의미를 제공한다.
- 환자가 궁극적으로 행복하고 성공할 확률을 높인다.

사람들은 똑똑한 사람을 만나면 명쾌한 설명과 언변에 혹하기도 하지만 상대방에게 속지나 않을까 두려워하기도 한다. 따라서 지나치게 말을 잘하는 것보다는 약간은 부족한 쪽이 차라리 더 낫다. 말하기보다 듣기가 더 중요한 것이다. 그래서 '세일즈 왕'이라고 하면 언변이 대단한 사람들을 떠올리는데, 실제로 최고의 영업사원이라는 사람들을 만나면 예상과 달리 털털하고 수더분한 경우가 있다.

누군가에게 충고할 때도 마찬가지다. 일단은 상대방이 무엇 때문에 힘들어하는지, 얼마나 힘들어하는지 충분히 들어야 한다. 때로는 상대방 이야기를 조금만 들어도 문제가 무엇인지 파악하고 머릿속에서 해결책이 떠오를 때도 있다. 하지만 상대방이 자신의 고통을 충분히 말하지 못했다고 여기는 시점에서 섣불리 말을 건네도, 상대방은 본인이 힘든 이야기를 반복할 뿐이다.

조바심이 나도 일단 상대방의 이야기를 들어야 한다. 중간에 끊고 해답을 주어도 상대방은 처음부터 또다시 이야기를 시작할 것이다. 상대방이 충분하다고 느낄 때까지는 듣자. 충고는 그다음이다.

그리고 논리가 아닌 감정에 집중해야 한다. 논리적인 사람이 있고 감정적인 사람이 있다. 논리적인 사람은 상대방을 어떻게든 설득하려고 한다. 하지만 감정적인 사람의 입장에서는 논리적인 상대방이 야속할 뿐이다. 감정을 이해받고 싶은 마음이 크다. 감정적인 사람은 상대방에게 울고, 짜증 내고, 화를 낸다. 그러면 자신의 마음을 이해할 것이라고 생각한다. 그러나 논리적인 이는 감정적인 상대가 도무지 이해가 가지 않는다. 피하고 싶을 뿐이다.

우리는 상담을 한다면 좋은 말을 하고, 설명을 하고, 방향을 제시하는 것을 떠올린다. 하지만 상담에 오는 이들은 대부분 우울하거나, 불안하거나, 화가 난 상태다. 감정을 헤아리는 것이 우선이다. 충분한 공감이 이루어지고, 이해받았다는 느낌을 받아야 비로소 그다음 설명이 귀에 들어온다.

그렇기 때문에 냉정한 이야기도 따뜻하게 전달하는 지혜가 필요하다. 살다 보면 좋은 말만 할 수 없다. 때로는 마음 아픈 결정을 내려야 할 때가 있다. 어떤 이는 그럴 때 상대방의 문제점을 지적하면

귀 기울임의 미학

서 자신의 행위를 정당화한다. 하지만 불이익을 받게 되는 상대방이 자신의 문제를 인정하는 법이란 거의 없다. 흠을 잡는다고 생각할 뿐이다. 한 번만 더 참자.

사람들은 남의 기분을 상하게 하는 것을 싫어한다. 미움 받는 것을 좋아하는 사람도 없다. 누가 나를 미워할 것이라는 생각이 들면 방어적이 된다. 그러다 보면 그에게 내리는 나의 판단이 올바른 것이라고 증명하고 싶어진다. 그 과정에서 상대방의 문제를 부각시킨다. 하지만 누군가에게 불리한 결정을 내리면서 그 사람을 깎아내리면 원망을 사게 마련이다. 냉정한 이야기일수록 따뜻하게 전달하는 지혜가 필요하다. 마음에 여유가 있다면 '네가 원하는 대로 못해줘서 나도 마음이 아프다, 미안하다'고 말해주는 쪽으로 노력하자.

05

모순의 관리

이러지도 저러지도 못하겠다면서 조언을 구하는 이들이 있다. 그럴 때면 한쪽으로 결정하도록 도와야 한다고 생각하기 쉽다. 이렇게 하는 것이 옳은 듯하다고 조언하면 그렇게 하지 못하는 이유를 댄다. 그렇다면 저렇게 하는 것이 옳은 듯하다고 말하면 저렇게 하지 못하는 이유를 댄다. 답답하다. 이럴 때 우리는 알아서 하라든지 하고 싶은 대로 하라든지 말하며 짜증을 내기도 한다.

어떤 경우는 그것이 정답이다. 이렇게도 저렇게도 하지 못할 때는 일단 버티라고 하는 것이 최고의 충고다. 그러다가 느긋하게 마음을 먹고 기다리며 어느 순간 기운이 나면 조금씩 부딪혀보도록 권하자. 모순의 양쪽 방향을 오가면서 한 번씩 부딪히면서 공간을 확보하도록 해야 한다. 그리고 충분히 공간이 확보되면 그때 재빨리 쏙 빠져나와야 하는 것이다.

/ 모순에서 빠져나오는 경험 /

주위에 병원을 연 친구들을 보면, 새로운 것을 시도해서 변화를 꾀하려고 한다. 하지만 시도해서 잃는 것이 더 클까 두려워 갈등하다가 이도 저도 아니게 되는 경우가 적지 않다. 예를 들어보자.

교통사고 환자를 주로 치료하던 정형외과 전문 병원이 있었다. 원장은 새로이 관절척추수술을 하기로 마음을 먹었다. 관절척추수술이 얼마나 병원에 도움이 될지 알 수 없었다. 수술 전문 병원을 지향했다가 실패할까 봐 걱정이 되었다. 그래서 교통사고 환자도 계속 받으면서 관절척추수술도 시행하기로 했다. 수술 환자가 늘어나는 것을 봐서 추후 교통사고 병동을 수술 환자 병동으로 전환하기로 한 것이다.

수술을 받은 환자들은 통증이 심해서 조용히 있기를 원하는데, 큰 부상이 없는 교통사고 환자들은 왔다 갔다 하면서 크게 잡담을 했다. 가해자, 피해자, 보험회사 직원이 언쟁이라도 해서 시끄러워지면 수술 환자들은 짜증이 났다. 교통사고 환자의 입장에서도 수술을 마치고 앓는 환자들과 한 병실을 쓰는 것이 불편했다. 교통사고 환자, 수술 환자 양쪽 모두 불만을 가지게 되었다.

관절척추수술 분야에서 베테랑 의사를 초빙하고 수술을 잘한다고 홍보했지만 환자들은 여전히 이곳을 교통사고 전문 병원으로 인식했다. 수술 전문 병원으로 성공하기 위해서는 대대적인 변신을 크게 선전해야 한다고 생각했지만 수술 환자가 생각보다 적은 현실에서 교통사고 환자들을 포기하고 수술 전문 병원을 표방할 수도 없었다. 이러지도 저러지도 못하는 상황이 되었다.

톰 피터스, 로버트 워터맨이 쓴《초우량 기업의 조건》을 살펴보면, 조직에서 전략을 실행하려고 해도 충돌이 발생해서 제대로 이루어지지 못할 때 '상쇄효과'가 발생한다고 한다. 한쪽을 지향한다면 다른 쪽은 지양하게 된다. 이론적으로는 이익이 손해보다 큰 쪽으로 결정하면 된다. 하지만 얼마나 이익이 발생할지, 얼마나 손해가 발생할지가 불확실한 경우가 대부분이다. 이러한 상호 모순을 수시로 접하고, 얼마나 현명하고 침착하고 단호하게 대처하느냐의 경험이 쌓이다 보면 성패에 큰 영향을 준다. 지속적으로 모순을 잘 관리하면서 현명한 결정을 해야 한다.

귀 기울임의 미학

/양가감정에서 버티기/

심리적 갈등을 견디지 못하는 이들이 있다. 인간은 일관되지 않은 상황에 대해 혼란스러워한다. 좋으면 좋고 싫으면 싫은 것이 편하다. 그런데 사실은 좋으면서도 싫은 경우가 적지 않다. 그러다 보니 좋으면서 싫은 척하고, 싫은 척하지만 좋아할 때가 있다. 무언가를 하고 싶은 동시에 하고 싶지 않은 경우도 있다. 하고 싶지만 두려울 때도 있다. 이렇게 상반되는 감정이 동시에 존재할 때 '양가감정'이라고 한다. 그 사이에서 갈등이 발생한다.

결단을 내려야 한다는 생각에 사로잡히기도 한다. 복수하고 싶지만 두렵다. 헤어지고 싶지만 혼자인 것은 무섭다. 뒤집어엎고 싶다. 하지만 변화가 두렵다. 그런데 갈등을 유난히 견디기 힘들어하는 이들이 있다. 사실 갈등을 버텨내는 것은 대단한 능력이다. 결정을 내리는 데 못지않게 양가감정에서 비롯된 갈등을 견디는 것도 엄청난 힘이다.

매일 운동을 하면 근육이 단단해지듯이 갈등을 견디는 힘 역시 매번 견딜 때마다 더 강해진다. 결정한다는 것이 어떤 점에서 포기를 의미하기도 한다. 그럴 때는 한번 모순을 견뎌보면 어떨까? 그 과정을 통해서 자신도 모르게 마음의 내공은 더욱 쌓일 것이다.

병뚜껑이 열리지 않을 때는 이쪽으로 돌렸다 저쪽으로 돌렸다 한

다. 꽁꽁 묶인 매듭을 풀 때 이쪽을 잡아당겨 헐겁게 했다가 저쪽을
잡아당겨 헐겁게 한다. 오도 가도 못할 때는 이렇게도 해봤다가 아
닌 것 같으면 다시 원상태로 돌아오면 된다. 일종의 좌충우돌이다.
이렇게도, 저렇게도 못할 때는 일단 이 상태를 버티도록 독려하자.
버티는 것만으로도 대단하다고 용기를 주자. 기회가 생기거나 틈이
보이면 살짝 변화를 시도해보도록 권하자. 그러다 보면 위기에서 빠
져나오게 된다.

귀 기울임의 미학

06

정리라는 묘수

안 되는 일을 포기하는 것은 당연하다. 아무리 노력해도 안 되는 일에 대한 해법을 알려달라고 할 때 가장 현명한 충고는 그만두라는 것이다. 어떻게 버틸지 대답을 하기보다는 차라리 지금 그만두는 것이 최선이라고 조언해야 한다. 당사자의 입장에서는 지금 포기하면 모든 것을 잃을 것 같다. 하지만 감염 때문에 괴사가 된 발가락을 살리려다가 시기를 놓치면 발목을 잘라야 하고, 발목을 살리려다가 시기를 놓치면 무릎을 잘라야 하듯이 정리할 시기를 놓치면 더 뼈아픈 대가를 치러야 한다.

/포기할 시점과 정리할 시점/

정리를 하면 손해를 최소화할 수 있다. 재기를 도모할 기회가 생긴다. 하지만 포기하면 생각보다 손해가 크다. 영영 다시 일어서지 못할 수도 있다. 하지만 당사자의 입장에서는 포기나 정리가 거기에서 거기인 것처럼 느껴진다. 옆에서는 더 이상 해도 소용없다는 것이 훤히 눈에 보인다. 하지만 당사자는 그렇게 생각하지 않는다. 그만두고 싶지 않기에 여기까지 와서 충고를 구하는 것이다.

그런데 기껏 상대방이 지금 그만두는 것이 최선이라고 말하면 화부터 난다. 따라서 일단은 이런저런 방법을 모색하는 모습을 보여줘야 한다. 제시하는 사람은 방법이 통하지 않는다는 것을 이미 알고 있다. 어쩌면 충고를 구하는 이는, 제시하는 쪽은 별로라고 생각하더라도 해결책이라고 생각할 수도 있다. 그러다 보면 우연히 일이 잘 풀리기도 한다. 쓸모없는 충고라고 생각한 것이 쓸모 있는 해결법이 된 것이다. 만약에 제시한 방법대로 했다가 일이 안 풀리면 다시 연락이 오게 마련이다.

상대방이 받아들일 준비가 된 것 같으면 지금 멈추자고 말을 건네면 된다. 아직 받아들일 준비가 되어 있지 않다면 또다시 함께 방법을 모색해본다. 어떻게 보면 방법을 찾는 척하는 것이다. 그러면서 마지막에 지금 정리하는 것도 방법의 하나라고 흘려본다.

이런 과정을 반복하다 보면 결국 상대방은 언젠가는 그만둬야 할

귀 기울임의 미학

것 같다고 말하게 된다. 그때는 정리도 아무나 못하는 일이라며, 엄청난 용기를 필요로 하는 것이라고, 대단하다고 격려해주자. 지금 정리하는 것과 궁지에 몰려서 포기하는 것을 비교하면서 차분히 알려주면 된다. 포기가 아닌, 정리로 유도해야 한다.

어떤 이들은 돈이든 사업이든 주식이든 도박이든 술이든 명성이든 한번 사로잡히면 스스로 정리하기가 쉽지 않다. 끝장나기 전까지는 멈추지 못한다. 그리고 멈추기 직전, 될 대로 되라는 생각에 인생의 가장 큰판을 벌이기도 한다. 의식적으로는 '괜찮을 거야'라면서 스스로를 위로하지만 사실은 너무나 힘들어 서둘러 끝장을 보고 싶은 것이다. 그러면서 점점 일탈의 강도를 더해간다.

사실 포기하고 홀가분함을 느끼는 것은 영화에서나 가능하다. 포기를 하고 나면 그 전에는 상상하지 못했던 고통을 당하게 된다. 따라서 우리가 해야 하는 것은 포기가 아닌 정리다. 포기하고 싶을 정도로 괴롭다면, 더 이상 자신을 망치기를 중단해야 한다. 그러면서 손실을 최소화하기 위해서 노력해야 한다. 지금은 하찮아 보이는 것도 막상 밑바닥을 접했을 때는 유일한 희망의 동아줄이 될 수 있다.

포기하고 싶은가? 포기하면 안 된다. 정신을 바짝 차리고 정리를 해야 한다. 죽고 싶고, 지치고, 지긋지긋하더라도 마지막이라고 생각하고 지독스러울 정도로 꼼꼼하게 정리해야 한다. 그렇게 해서 남긴 부분을 가지고 다시 삶을 꿈꾸고, 인생을 만들어가야 한다.

그런데 정리를 해야 하는 상황에서 그것이 어려운 이유는 두려움과 미련 때문이다. 하나를 선택해야 하는 상황에 맞닥뜨려도 결단은 쉽지 않다. 새로운 것을 선택하면 실패할까 두렵다. 그러다 보니 지금도 나쁘지 않은 것이 아닐까 하는 미련이 남는다. 한동안 이대로 지내는 것도 괜찮아 보인다. 그러다 보면 나중에는 결단하는 것이 아니라 그냥 밀리듯이 그만두고, 포기하게 된다.

무엇인가를 그만둘 때는 싫은 일을 정리하는 것이 우선이다. 순위를 매겨보자. 그리고 하나씩 없애보자. 어차피 그만둘 것이니 두려울 건 없다. 가장 하기 싫은 일부터 하나씩 줄여보자. 그렇게 정리하는 것이다. 그래야 같은 일이 되풀이되지 않는다. 그대로라면 똑같이 고통 받다가, 똑같이 버티다가, 똑같이 포기하게 된다.

/ 들켜야 멈춘다 /

무엇이 되었든 들킬까 봐 걱정하면서도 그만두지 못하는 경우가 있다. 사람들이 상담을 오는 이유 가운데 하나가 털어놓기 위해서다. 우리가 들킬까 봐 걱정하면서도 멈추지 못하는 데는 몇 가지 심리기전이 작용한다. 우선 뭐든 얻는 것이 있기 때문에 포기하지 못한다. 결국 들킬지 모른다는 것을 논리로는 알더라도 인간은 눈앞의 이익을 포기하지 못하는 본능이 있다. 더군다나 당장 확실한 이익이 있다면 '이번은 괜찮을 거야'라며 스스로를 속이게 된다.

사실을 알리고 시인했을 때 불이익이 있다. 짧게는 몇 달, 길게는 수년을 들킬까 걱정하면서도 멈추지 못한 행동일 때, 앞으로도 스스로 멈춘다는 것은 쉽지 않다. 자백을 하건, 고백을 하건 외부에 알리고서야 멈출 수 있다. 하지만 당장 눈에 보이는 이익, 쾌락, 보상을 거부하기도 쉽지 않은데 사실을 알릴 경우 불이익마저 있다면 걱정하면서도 멈추지 못한다. 그러다 보니 스트레스를 받고, 문제 행동으로 그것을 푸는 악순환이 벌어진다.

세상에 비밀은 없다. 사람은 계속 심리적으로 압박을 받으면 누군가에게 자신의 비밀을 털어놓게 마련이다. 점점 허점이 노출된다. 들키지 않고 계속하면 빈도와 정도가 심해지고 결국 꼬리를 잡힌다. 또는 감정의 압박이 심해지면서 빈틈이 생긴다. 그렇기 때문에 비밀스럽고, 남들에게 비난받을 행동이라면 아직 타인이 모를 때 당장 멈추는 것이 상책이다. 계속 질질 끌면 마음이 허술해진다. 들키기보다는 정리하는 것이 낫지 않은가?

07

간소한 삶의 방식

충고를 구하는 이들의 상당수는 금전 문제를 호소한다. 돈 문제를 해결하기 위해서는 더 벌거나 덜 써야 한다. 물론 인간은 더 버는 쪽으로 문제를 해결하고 싶어 한다. 그렇다면 능력이 있어야 하고 운도 따라야 한다. 하지만 덜 쓰는 것은 비교적 쉽게 가능하다. 더 버는 쪽은 리스크가 따르지만 덜 쓰는 쪽은 리스크가 낮다.

/ 성실을 선택하자 /

열심히 일하는 것은 쉽지 않다. 한 장소에 여덟 시간 이상 앉아서 같은 일을 반복하거나 더운 여름, 추운 겨울에 밖에서 무거운 짐을 나르는 일은 아무나 할 수 없다. 지속적으로 범죄를 저지르는 이들은 반복해야 하는 일을 성실하게 하는 능력이 부족하다. 그러다 보니 한 직장, 한 장소에서 오래 일하지 못한다.

절도범들의 예를 살펴보자. 이들은 범죄가 성공하는 것에 재미를 느낀다. 누군가를 속였다는 데서 자아도취적인 쾌감을 느끼기도 한다. 그리고 한 번 범죄에 성공하면 자신이 잡히지 않을 것이라고 생각한다. 교도소에서 형을 사는 동안에는 다시는 범죄를 저지르지 않겠다고 다짐하지만 출소하고, 교도소에서 느꼈던 답답함을 점점 잊는다. 이에 다시 범죄를 저지르는 악순환이 벌어진다. 범죄를 저지르면 결국 잡힌다는 것이 뇌에서 학습되지 않는다. 자극 추구도가 높은 것이다. 절도범의 예를 들지 않더라도, 일반인들도 제각각 금전 문제로 힘들어한다. 큰돈을 벌어보고 싶지만, 쉽지 않다. 돈을 적게 쓰는 것이 우선 과제일지 모른다.

실직과 퇴직에 대한 불안, 세대 갈등 등 대한민국을 살아가는 요즘 삼십대 직장인들의 자화상은 어둡다. 이들이 청소년기를 보낸 2000년대 초는 아직 자산 가치가 상승하는 풍요의 시대였다. 그런데 지금은 좋게 말하면 안정 성장, 나쁘게 말하면 저성장 시대다. 눈높이가 자신이 자라던 때의 고성장에 맞춰져 있다면 부모가 직장생활을 하던 시대와 비교하게 되니 답답하다. 뒤처지는 느낌에 불안해진다. 더군다나 지금 성인들은 위로는 고령화 세대를 개인적, 사회적으로 부양해야 하고, 아래로는 자녀를 부양해야 하는 샌드위치 세대이기 때문에 스트레스가 이루 말할 수 없다.

이러한 현재를 살아가는 우리들의 심리적 갈등을 치유하려면 우선 시대에 자신의 마음 속도를 맞춰야 한다. 시대가 느리게 움직이는데 혼자 빨리 가려고 해도 잘 안 된다. 그런데 느리게 간다고 해서 꼭 나쁜 것만은 아니다. 느리게 가되 그 안에서 느림의 장점을 누리면 된다. 고속도로에서는 일정 속도 이상으로 가는 것이 원칙이다. 하지만 동네 오솔길에서 차를 타고 아무리 빨리 달리려고 해도 한계가 있다. 차라리 느긋하게 걸어가면 개나리도 보이고, 시냇물의 물고기도 보이고, 아이들이 뛰노는 모습도 보이고, 하늘을 보면 구름도 있다. 느리고 검소한 생활에도 장점이 있는 것이다.

/ 비교하지 않는 삶 /

우선 비교는 금물이다. 타인과 비교하지 않는 삶에 대해 충고하는 책이나 매체를 찾아보면 두 가지 접근이 있다. 첫 번째는 눈을 감는 것이다. 한때 국내에서 유행했던 '내려놓기', '멈추기'와 같은 힐링에 대한 주제가 담긴 책을 권하는 방법이다. 하지만 부러움의 대상을 앞에 두고 눈을 감는 것이 가능할까? 억지로 눈을 감으려고 해도 나도 모르게 실눈으로 바라보게 되지 않을까?

내가 금전적으로 아주 어렵지는 않은 상태라면, 눈을 감을 여유가 있을지도 모른다. 하지만 지금도 어려운 상황이라면 눈을 감다가 넘어져서 다칠 수도 있다. 과연 눈을 감으면 행복해질 것인가 생각해 보자. 꼭 그렇지는 않을 것이다. 우리는 모든 것을 포기하고 행복해진 이들이 등장하는 영화를 좋아한다. 그런데 영화는 대개 모든 것을 포기한 시점에서 끝난다. 그 이후는 감당이 안 되기 때문이다.

노숙자의 경우, 어떤 점에서 자기 의지와 상관없이 모든 것을 포기한 사람들이다. 노숙자를 보면서 행복하다고 느끼는 사람들은 많지 않다. 포기하면 행복하다는 말은 책 속에나 존재한다. 솔직하게 말하면 포기할수록 불행해지는 것이 현실이다. 현재 벌어지는 일들에 눈을 감으라는 힐링 주제의 책은 독자들이 결국은 눈을 감지 못할 것을 알기에 가능하다. 모든 것에서 벗어난다는 환상을 가지게 함으로써 독자들에게 위안을 준다. 하지만 모든 것을 버리겠다는 극단적인 바람을 실천하는 이는 거의 없다. 저자도, 독자도, 출판사도 그것을 모를 리 없다. 독자들이 그렇게 힐링에 지쳤을 때, 혜성같이 나타난 주제가 '용기'에 대한 책이었다.

다음으로 '용기'에 대한 책들은 우리가 타인이나 세상을 대하는 방식을 바꾸도록 권한다. 발상의 전환을 요구한다. 지금처럼 살지 말라는 것이다. 후련하다. 하지만 막상 실천하기는 쉽지 않다. 이러한 책을 읽은 독자 가운데 미움 받을 각오로 자신의 태도를 바꾼 이는 과연 몇이나 될까? 현실적으로 말하자면 성격 바꾸기는 그렇게 간단하지 않다.

미움 받는다는 것 또한 쉽지 않다. 누군가에게는 불가능할 수도 있다. 미움 받기로 작정하고 한번 행동해보자. 과연 행복해질까? 그나마 나에게 도움을 주던 이들도 모두 떨어져 나갈지 모른다. 외로운 삶 때문에 더욱 엉망이 될지 모른다. 미움 받으면서 열등감만 더 심해질 것이다. 즉 미움 받을 용기가 생기더라도 구체적인 방법이 필요한 것이다.

내려놓기를 권하는 책은 내려놓으면 문제가 다 해결된다고 주장한다. 멈추기를 주장하는 책은 멈추면 모든 문제가 해결될 것이라고 한다. 싸우기를 권하는 책은 싸우면 모든 문제가 해결될 것이라고 말한다. 그런데 현실은 그보다 훨씬 더 복잡하다. 문이 잠겼는데 열쇠가 없다. 그래서 어떻게 해야 할지 물으니 마음을 비우고 길에서 자라고 한다. 그럴 수 있겠는가? 그래서 다른 사람에게 물으니 문을 부수라고 한다. 그럴 수 있겠는가? 열쇠를 가진 가족에게 전화하든지, 누가 올 때까지 어디에 들어가서 시간을 보내든지, 관리사무소에서 마스터키를 받아오든지, 열쇠 수리공을 부르든지 현실적인 방법을 제시할 때 해결책이라고 할 수 있다.

항상 남과 비교하는 것이 우리의 본능이다. 하지만 타인과 비교하면서 나의 부족한 부분을 깨닫고 난 뒤 어떠한 행동을 취할 수 있다면 열등감도 나쁜 것만은 아니다. 열등감에도 긍정적인 면이 있다. 이러한 관점에서 보면 경쟁도 늘 나쁘지만은 않다. 경쟁에서 이기는 경험처럼 열등감을 꺾는 데 도움이 되는 것이 없다. 단, 내가 잘하는 것으로 경쟁하면 된다. 이기기 위해 내 머릿속에 뿌리박힌 한두 가지 방법만 쓰지 말고 다양한 다른 방식으로 접근하면 좋다. 열등감을 파고들수록 극복은커녕 더욱더 열등감의 늪에 빠진다는 것은 내가 늘 강조하는 말이다. 열등감에서 벗어나기 위해서는 장점에 주력해야 한다.

/ 수집의 심리학 /

열등감을 잊는 방법 가운데는 수집이 있다. 우리는 소중한 물건을 간직하려고 한다. 추억이 담긴 반지, 사진, 책, 음반 등을 보면서 과거를 회상한다. 그런 것을 어떤 이는 '향수Nostalgia 본능'이라고 한다. 이사할 때마다 아무것도 버리지 못하고 모든 짐을 가지고 다니는 사람들이 있다. 물건을 버리지 못하는 이들에게 이유를 물어보면 필요할지 몰라서라고 답한다. 하지만 온갖 잡동사니가 차지하는 공간을 감안하면 필요할지 몰라서 모두 간직한다는 것은 합리적이지 않다.

무의식적으로는 자기 삶의 모든 부분을 다 쥐고 놓지 않겠다는 소유욕과 공격성일 수 있다. 인생은 변화한다. 삶이 달라지며 새로운 영역에 다다를 때마다 우리는 과거의 한 부분을 버리게 된다. 바꾸어 말하면 현재 내 삶의 일정 부분을 버릴 각오가 되어 있지 않다면 우리는 껍질을 깨고 새로운 영역에 발을 디디지 못한다. 과거에 집착하고 잡동사니를 모두 다 끌고 가는 이들은 어떤 점에서 인생의 정점이 과거의 한순간에 있다고 생각하는 것일지 모른다. 하지만 그들이 그토록 강렬하게 과거의 물건에 집착하는 상황은 역설적으로 변화의 필요성을 나타내는 것일 수 있다.

물건을 버리지 못하는 이들과 다르게, 수집벽이 있는 이들이 있다. 책, 음반, 과거 화폐, 우표, 옷 등 말고도 우리가 상상하지 못하는 물건을 수집하는 이들이 적지 않다. 만약에 그런 수집벽이 경제적으로 감당할 수 있고, 가족들과의 생활을 방해하지 않는다면 좋은 취미다. 하지만 정도를 벗어난다면 집 안 공간을 수집한 물건을 간직하기 위해 독점해서 주는 피해도 만만치 않다.

이러한 수집벽은 일종의 강박증이라고 표현해도 된다. 강박적 수집의 아래 있는 중요한 동기는 공격성, 지배욕이다. 겉으로는 얌전해 보이는 사람도 내재적으로는 감추어진 공격성이 있다. 세상을 소유하고 싶고 지배하고 싶고 중요한 사람이 되고 싶다. 그런데 자신의 상황에서 세상이 가치를 두는 돈, 권력, 지위 등으로는 목표에 다다르기가 쉽지 않다. 하지만 세상을 좁히면 강자가 되는 것도 가능하다.

제한된 세상의 강자가 되기 위해서 지속적으로 특정 물건을 수집하고 지식을 쌓는다. 그렇게 현실에서 실현되기 어려운 권력을 마니

아 세상에서 획득하는 것이다. 강박적 수집은 질서에 대한 과도한 집착을 동반하기도 한다. 음반 수집을 예로 든다면, 음악이 좋아서 듣다가 음반이 모이는 것이 아니라, 마치 고지를 정복하는 군사작전 같이 접근한다.

수집은 스트레스를 푸는 좋은 수단이다. 하지만 물건 수집에는 비용이 든다. 이와 달리 물건이 아닌 기억 등을 수집할 경우 돈이 많이 들지 않는다. 타인이 뭐라고 하든 자신에게 소중한 것에 집중하면 돈이 많지 않더라도 살아갈 수 있다. 돈을 적게 쓰는 시스템을 구축하는 일도 필요한 것이다.

/ 소비를 줄이기 위한 특약 처방 /

가능하면 수중에 돈이 없어야 한다. 필요하다면 강제 저축도 좋다. 여윳돈이 생기면 쓰게 되는 것이 사람의 마음이다. 매달 꾸준히 저축해서 돈을 모으는 방법이 최선이다. 그리고 소비를 줄이기 위해서 가계부를 쓰기 전에 마음부터 잘 다스려야 한다. 돈이 많든 적든 인간은 누구나 심리적 보상을 위해서 소비하는 측면이 있다. 의식주를 위해 소비하는 부분은 오히려 어느 정도 통제가 가능하다. 그런데 심리적 보상을 위한 소비는 스트레스에 취약하다. 돈을 아끼기 위해서는 지금 당장 가장 사고 싶은 것부터 절제해야 하는데 뜻대로 되지 않는다. 이런 경우를 앞서 소개했듯 '행동화'라고 한다.

　쇼핑, 온라인 게임, 도박 등이 과도해질 때 '행위중독'이라고 부른다. 행위중독은 스트레스가 심하거나 불행한 일이 있으면 심해진다. 스트레스를 풀기 위해서 일부러 특정 행위를 하는 경우가 대부분이다. 막상 당사자는 자신이 그런 행동을 하는 것이 스트레스와 연관이 있다는 것을 인식하지 못할 때가 있다. 이는 행동화에 해당된다. 누구나 무언가를 살 때는 꼭 필요해서 구입한다고 생각한다. 지난 카드 명세서를 한번 살펴보자. 스트레스를 많이 받은 달에는 물건을 많이 사고, 마음이 편하면 물건을 덜 사게 된다는 사실을 발견할지 모른다. 바쁘고, 스트레스를 받으면 물건을 구매하는 행동으로 감정을 행동화하는 것이다. 이를 줄이려면 원인이 되는 심리적 문제를 찾아서 교정해야 한다.

　허영심에 사로잡힌 이들이라면 현실을 깨닫고 꿈을 낮춰야 한다. 하지만 쉽지 않다. 이들의 내면을 들여다보면 자신감이 결여된 경우가 많다. 자존심은 자신을 존중하는 마음이다. 진정 자존심이 강한 사람들은 남들이 뭐라든 신경 쓰지 않는다. 그런데 자신을 존중하는 마음이 약한 이들은 타인의 일거수일투족을 살피고, 인정받지 못했다고 주눅 든다. 마찬가지로 남 앞에서 뭐든지 할 수 있다고 자신하는 허풍이 심한 사람들은 실제로는 아무것도 할 수 없기 때문에 허한 마음을 보상받기 위해서 그렇게 행동하는 것이다. 이들에게 꿈을 낮추고 현실을 깨달아야 한다고 말해도 소용이 없다. 허풍이든 과장이든 그것이 그 사람에게는 전부이기 때문이다.

이상을 낮추기보다 일단 현실의 높이를 올려야 할 수도 있다. 이상은 하늘 저 높이 있고 현실은 남들보다 더 낮은 위치에 있다면 현실을 조금씩이라도 끌어올리지 않는 한 이상을 낮추지 못한다. 자신의 위치가 안정되면 불가능한 꿈이 아니라 실현 가능한 꿈에 집중하게 된다. 물론 본인이 부정하면 어쩔 수 없겠지만 만약, 누군가가 이제 헛된 꿈을 포기하겠다는 생각을 한다면 지금 처한 현실에서 아무리 사소한 것이라도 쌓아 올라가려는 노력이 필요하다고 말해주자.

08

강해져야 한다

마음이 약하면 그 어떤 충고도 실행할 수 없다. 때로는 생각에 앞서 나를 강하게 해야 한다. 체력을 키워야 공을 던진다. 커브를 던질지 변화구를 던질지보다 중요한 것은 일단 공이 일정 속도 이상이 되어야 한다는 것이다.

/ 협상 테이블 앞에서 /

흔히 협상의 귀재라는 말을 사용한다. 하지만 협상의 귀재는 현실에 거의 존재하지 않는다. 협상이 거래에 미치는 영향은 대부분 제한적이다. 상품을 제공하는 쪽에 그와 관련된 서비스를 추가하도록 조건을 걸어 좀 더 높은 가격에 거래를 성사시켰다면, 담당자는 높은 가격을 받아냈기에 협상을 잘했다며 인센티브를 받는다. 하지만 막상 계약 조건인 서비스를 장기간 낮은 가격에 제공해야 하는 회사의 누군가는 죽을 맛이지 않을까.

마찬가지로 장기적으로 부가가치를 제공한다는 유리한 협상을 따낸 경우도 나중에 상대방이 약속한 서비스를 제대로 지급하지 않을지 모른다는 불확실성을 떠안게 되어 있다. 결국 모든 것이 가격에 포함되게 마련이고 어느 한쪽이 잘못 판단을 해서 다른 한쪽에 너무 많은 것을 안겨준 협상은 계약 기간을 다 지키지 못하고 깨지기 쉽다. 그렇기 때문에 협상을 못한다고 너무 속상해할 필요 없다.

협상에는 '배트나BATNA, Best alternative to a negotiated agreement'라는 용어가 있다. 협상이 깨졌을 때를 대비해 협상 당사자가 지니는 최고의 차선책을 말한다. 차선책이 좋은 경우는 협상이 깨졌을 때 다음을 선택하면 되는데, 차선책이 없다면 선택할 다른 조건이 없기 때문에 협상의 폭이 줄어든다. 배트나는 흔히 '플랜 BPlan B'와 비슷한 성격을 지닌다. 즉 내 상황이 좋고 타인의 상황이 안 좋을수록 협상이 유리하다. 불리할 때는 협상을 안 하는 사람이 진정한 협상의 귀재다. 또한 평소에 항상 준비를 해서 언제 협상이 벌어져도 이길 수 있게 준비하는 이가 진정한 협상의 귀재다.

약한 이가 협상을 통해 판을 뒤집는 경우는 영화와 드라마에나 존재한다. 실제로는 강한 이가 협상에서 이기게 마련이다. 인생도 마찬가지다. 중요하지 않은 시험은 없다. 그렇다고 목숨 걸 정도로 중요한 시험도 없다. 중간고사, 기말고사 같은 작은 시험들을 준비하다 보면 나중에는 수능 같은 큰 시험에 저절로 대비하게 된다. '나중에 한 번에 준비하면 되지' 하고 생각하면 막상 큰 시험을 앞두고 제대로 대응하지 못한다.

취직에서 면접은 중요하다. 시중에 면접 비법을 소개한 책이 많다. 인터넷에도 이런저런 비법이 떠돈다. 하지만 사람의 분위기는 하루아침에 만들어지지 않는다. 평소에 새로운 사람을 만날 때마다 어떤 태도로 대했는지가 쌓이면 면접 때도 작용한다. 결국 평소 살아가는 태도, 그 힘이 결정한다. 그렇게 놓고 보면 중요하지 않은 일은 없다. 매일 살아가는 것, 매달 살아가는 것, 매년 살아가는 것이 시험이다. 결국 인생을 한 번에 결정짓는 중요한 시험은 없다. 시험이 아니라 실력이 중요하다. 강해지면 그 어떤 시험도 두렵지 않다.

/ 포기하지 않는 힘 /

사람에게 상처 받을 때가 있다. 누군가로부터 이용당하고 착취당하는 일은 끔찍한 트라우마를 남긴다. 자신을 한심하게 여기고 어떻게 하면 다음에 같은 일을 겪지 않을까 고민하게 된다. 사람들을 경계하고 소외를 자처하기도 한다. 세상에는 나쁜 사람들 천지다. 가장 중요한 것은 상처 받지 않는 마음을 가지는 것이다.

마음이 궁핍하고 불안할수록 남에게 이용당하기 쉽다. 마음에 무게가 더해지고 마음이 커질수록 얕보이지 않는다. 열심히 노력하며 살다 보면 버팀목이 생기고, 스스로를 자랑스러워하는 일도 생길 것이다. 자부심, 자신감이 생기면 타인이 멋대로 내 마음에 흠집 내지 못한다. 심리 용어 가운데 '자아강도ego strength'가 있다. 자아강도가 낮으면 사소한 일에도 상처 받는다. 조금만 힘든 일이 생기면 머리가 아프다. 조금만 위험한 일이 생겨도 기운이 쭉 빠진다. 상처 받지 않기 위해서 이런저런 방법을 강구하는 것도 필요하지만 자아강도를 기르는 것도 필요하다.

세상에 한 번에 되는 일이란 없다. 도전이 필요하다. 무슨 일이든지 꿈꿀 때와 실제로 부딪힐 때는 다르다. 자신에게 꼭 맞는 천직이라고 생각했지만 도전해보면 안 맞을 수 있다. 막상 시도하면 일이 뜻대로 되지 않는다. 그러다 보면 도전을 후회하게 마련이다. 자아강도가 약한 이는 거기에서 멈춘다. 하지만 강한 이는 멈추지 않고 다른 일에 도전한다. 그렇게 포기와 도전을 되풀이하다가 절대로 놓치고 싶지 않은 일을 만난다. 어려움에 처해도 포기하지 않고 죽을 힘을 다해 매달리게 된다. 즉 포기하지 않는 힘이 자아강도다.

그런데 인간에게는 승리를 갈구하는 마음과 패배를 두려워하는 마음이 별개로 존재한다. 승리에 대한 갈망도 중요하지만 위기 상황에서 패배에 대한 두려움이 더 크면 인간은 결단을 내리지 못한다. 매일 괴롭힘을 당하며 살면 한 번쯤은 아니라고 말해보게 된다. 하지만 어쩌다 한 번 소리 질렀다고 해서 상대방이 바뀌지 않는다. 한 번 아니라고 말했다고 해서, 한 번 안 된다고 해서는 상대방이 나를 만만히 여기던 것을 중단하지 않는다. 주춤할 뿐 다시 괴롭힘이 시작될 것이다. 내 잘못이 아닐 때 아니라고 말하는 용기 역시 자아강도다. 그렇다면 자아강도는 어떻게 강해지는가?

/ 흠, 죄, 허물의 심리 /

몸이 성장하면 옷이 맞지 않는다. 마음 역시 마찬가지다. 성장하면서 마음의 허물이 벗겨진다. 나는 한참 전에 무척이나 '화'에 사로잡혔던 때가 있었다. 그때 폴 리쾨르의 《악의 상징》이라는 책을 읽으면서 화를 견디는 것에 대해 눈을 떴다. 화를 견디는 태도는 이후 내가 삶을 살아가는 데 실제로 많은 변화를 주었다. 그 책에 쓰인 '흠', '죄', '허물'이라는 용어가 잊히지 않았다.

나 자신도 많은 화와 불행을 겪었다. 그리고 불행한 일을 당한 환자들을 치료하면서 불행에 대처하는 사람들에 대해 '흠의 심리', '죄의 심리', '허물의 심리'라는 용어를 적용하게 되었다. 내가 사용하는 '흠', '죄', '허물'의 뜻은 리쾨르의 원래 의도와는 다소 차이가 있다.

귀 기울임의 미학

첫째, '흠'의 심리에 대해서 살펴보자. 대기업에 원서를 냈다가 떨어졌다고 가정하면, 일단 화가 난다. 내가 떨어질 정도로 '흠'이 있는지 따져본다. 출신 대학, 학점 등을 고려한다. 이 모든 것을 고려했을 때 떨어질 만했다는 생각이 들면 참고, 흠이 없는데 심사 위원들이 떨어뜨렸다는 판단이 서면 여기저기에 그 회사와 심사 위원에 대한 비난을 말하기 시작한다. 이와 반대로 먼저 자신을 탓하면서 양쪽 입장을 오가게 되면 결국 '화'는 가시지 않는다.

둘째, '죄'의 심리를 보자. 대기업에서 떨어진 뒤 사람들은 면접을 볼 때 잘못한 점은 없었는지 생각한다. 눈은 잘 마주쳤는지, 질문에는 분명히 대답했는지 고민한다. 무엇인가 잘못해서 면접에서 떨어졌다는 생각이 들면, 다음에는 이러한 실수를 저지르지 않아야겠다고 다짐한다. 이와 달리 내가 잘못한 것이 없는데 떨어졌다는 생각이 들면 억울한 마음에 사로잡힌다. 죄를 인정하는 순간은 참아야겠다고 생각을 했다가도 다음 순간 자신이 잘못한 것이 무엇인지 반문하게 된다.

'허물'의 심리를 살펴보기 앞서 과연 '악'이란 무엇인가를 고찰해보자. 악은 아무 흠도, 죄도 없는데 누군가 자신을 괴롭히는 것이다. 나름대로 최선을 다해 대비했지만 속수무책으로 불행이 닥치는 것이다. 따라서 악을 피하고 싶은 것이 우리 모두의 마음이다. 그런데 왜 신은 이 세상에 '악'을 풀어놓았을까?

어떤 이를 성장시키고 싶을 때 악이 아니면 안 되는 순간이 있다.

인간에게 고통을 주어야만 하는 순간이 있다. 운동을 하면 처음에 근육이 아프지만 시간이 지나면 알통이 생긴다. 처음 바이올린이나 기타를 연주하면 손가락에 굳은살이 돋는다. 하지만 멈추지 않고 연습을 하면 줄을 잡아도 더 이상 아프지 않다. 운동 코치는 선수가 힘들어해도 한계를 뛰어넘게 하기 위해서 훈련을 멈추지 않는다. 음악 선생도 연주자가 힘들어해도 한계를 뛰어넘도록 밀어붙인다.

때때로 신은 우리의 운동 코치며 음악 선생이다. 그런데 선수가 자신을 힘들게 하는 코치나 선생의 지시를 따르는 이유는 무엇일까? 제자가 한 단계 올라가도록 도와주고 싶다는 코치와 선생의 선의의 의도를 믿기 때문이다. 그래서 따르며 견딘다.

셋째, '허물'의 심리는 아무 흠도 없고 아무 잘못도 저지르지 않았지만 내게 닥친 불행을 있는 그대로 받아들이는 것이다. 이번 불행이 자신을 성장시키리라 믿으면서 '화'를 고스란히 끌어안는다. 누군가 나를 욕하고 비난할 때, 세상이 내게 부당한 판결을 내릴 때 더이상 내 흠이나, 잘못을 찾지 않는다. 그렇다고 분노를 표현하면서 다른 사람에게 화풀이를 하거나 자신을 학대하는 것도 아니다. 나의 흠, 나의 잘못은 아니지만 내가 견뎌내야 할 '나의 허물'이라고 받아들이는 것이다.

체념을 하고 어떻게든 빨리 지나갔으면 좋겠다는 생각을 가지고 수동적으로 참는 것은 화를 견디는 것이 아니다. '허물'에 대해 의미를 부여해야 한다. 긍정적인 생각으로 미래를 향한 방향성을 가지고

귀 기울임의 미학

가자. 자신의 궁극적 목표의 한 부분으로 지금의 악을 이정표로써 자리매김해야 한다.

불행, 불의, 피해가 아무 의미 없는 상처로 남게 해서는 안 된다. 나름대로 뜻을 부여하며 조금씩 성장하는 내면에 주위를 기울여야 한다. 나의 '허물'로 받아들이고 견디는 가운데 성장할 것이고 언젠가 허물은 벗겨질 것이다. 애벌레가 고치를 벗고 나비가 되듯이, 나의 허물이 벗겨지면서 보다 자유로운 삶을 영위하게 될 것이다.

09

용서에 대하여

누군가를 도저히 용서할 수 없다는 이들을 상담할 때가 있다. 나는 그럴 때 용서하지 말라고 한다. 마음속에서 원하는 바는 철저한 응징이다. 그런데 응징할 힘이 없기 때문에 용서하는 것이다. 벌주지 못한다는 데서 비롯된 억울함을 해결할 방도가 없기 때문에 용서라도 해야 마음이 편해진다. 하지만 마음 깊은 곳에서 원하는 것은 용서가 아니라 복수다. 이런 경우는 나는 억지로 용서하려고 하지 말라고 충고한다. 고발을 하든 민원을 제기하든 다양한 방법으로 복수를 시도하도록 권한다.

/사과보다 중요한 것/

용서를 빌고자 하는데 피해자가 사과를 받아주지 않는다는 이에게도 나는 사과하지 말라고 충고한다. 상대방이 받아들일 마음이 없는데 자꾸 사과를 하면 오히려 감정만 더 상할 뿐이다. 그리고 피해자로서는 가해자를 볼 때마다 상처가 덧난다. 피해자는 가해자가 다시는 연락하지 않는 것을 원한다. 그리고 사과보다 중요한 것은 행동이다. 다시는 안 때리겠다고 사과하고 또 때리면 아무 소용없다. 다시는 소리를 안 지르겠다고 하고 또 소리 지르면 아무 소용없다. 다시는 화를 내지 않겠다고 하고 화를 내면 아무 소용없지 않겠는가? 행동으로 보여주면 언젠가 피해자가 먼저 연락해온다. 그때 사과하면 된다. 사과보다 더 중요한 것은 상대방이 싫어하는 행동을 중단하는 것이다.

용서와 사과에 집착하는 이들이 있다. 왜 그러는 것일까? 잘못한 것 없이 사과하는 사람도 있다. 누군가의 기분을 상하게 했을까 지나치게 신경 써서 항상 먼저 사과한다. 타인이 자신을 미워하는 것을 좋아하는 사람은 없다. 하지만 얼마나 신경 쓰느냐는 사람에 따라 다르다. 남의 심기를 건드릴까 봐 미안하다는 말을 입에 달고 살고, 거절도 못하는 이가 있는가 하면 면전에서 뭐라고 하는 것이 아니면 타인이 자신을 어떻게 생각하는가에 신경을 끄고 다니는 이도 있다.

공적인 측면에서는 어쩔 수 없이 필요한 태도가 있다. 흔히 고객과 싸워서 이기지 말라는 말이 있다. 논리적으로 이긴들, 고객이 자신의 잘못을 인정하게끔 한들, 그 사람이 이 가게에서 다시는 물건을 사지 않게 되면 결과적으로 손해이기 때문이다. 비굴하게 굴 필요는 없지만 그렇다고 기분 나쁘게 할 것도 없다. 이런 경우는 이익을 위해서 어쩔 수 없이 미안하다고 한다. 군이 비유를 들면 누가 총을 겨눈다면 잘못한 것이 없더라도 사과해야 하지 않을까.

그런데 잘못한 일도 없고 누가 강요하는 것도 아닌데 자신에 대해 타인이 안 좋은 감정을 가지고 있지는 않은지 불안해하는 이들이 있다. 상대방이 좀 미워한다고 해서, 싫어한다고 해서 손해를 보는 것은 아니다. 그가 자신을 어떻게 할 수 있는 것도 아니다. 그런데 마음이 편치 않아서 항상 먼저 상대방에게 연락한다. 상대방이 불만을 이야기하면 잘못한 것 하나 없는데 이런저런 변명을 한다. 어느 때는 마음에 없는 사과도 한다. 그런데 상대방이 사과를 받아들이지 않으면 계속 연락한다. 도대체 어떤 심리인 것일까?

첫째, 두려움이 한몫한다. 겁이 많게 태어난 이가 자라는 과정에서 수시로 야단을 맞거나 체벌을 당했다면 이 사람의 마음은 항상 두려움으로 차 있다. 어린 시절, 자신을 돌봐주는 이의 마음에 거슬리는 행동을 하면 차별이나 불이익으로 이어졌다고 가정하자. 그는 어렸을 때 입은 트라우마 때문에 누군가의 마음을 상하지 않게 하려고 노력한다.

공포와 불안을 이겨내지 못하는 것이다. 무조건 갈등을 회피하고자 한다. 그렇기 때문에 항상 미안하다고 한다. 누가 잘못했는지는 중요하지 않다. 일단 갈등은 피하고 봐야 한다.

둘째, 관심에 대한 갈망이 작용한다. 첫 번째의 경우는 남을 기분 나쁘게 하지 않는 것이 심리적 기제였다. 그런데 두 번째는 타인을 즐겁게 하는 것이 심리적 기제다. 항상 칭찬받고 싶다. 항상 좋은 사람으로 상대방의 기억에 남고 싶다. 인간에게는 '자서전적 기억'이라는 것이 있다. '나는 이런 사람이다'라는 자기 자신에 대해 가진 확신과 느낌은 우리의 인격을 구성하는 대들보 역할을 한다. 이렇게 인격이라는 집이 존재하고, 자신의 관점에서 타인을 바라보고 평가하게 된다.

반대의 경우가 있다. 타인의 시선과 관심을 통해서 자신을 바라보고 평가하는 것이다. 자신의 존재가 미약하다. 그렇기 때문에 남들이 나를 나쁘게 보면 내가 나쁜 사람인 것 같다. 남들이 나를 좋게 보면 내가 좋은 사람인 것 같다. 자신이 좋은 사람이라는 느낌을 유지하기 위해서는 늘 타인에게 잘해야만 한다. 따라서 항상 미안하다고 하고, 양보하고, 착한 사람이어야만 한다.

셋째, 거절에 대한 민감도Rejection sensitivity가 극단적인 경우도 타인에 대해 항상 신경 쓴다. 환자를 만나보면 실제로 누군가로부터 버림받는다는 두려움 때문에 자해하는 이들이 있다. 헤어짐에 대한 두려움 때문에 자해를 하는 경우 그 안에는 분노, 슬픔, 외로움이 합쳐진 강렬한 감정이 있다. 거절이 두렵고 헤어짐을 피하기 위해서 무조건 잘못했다고 사과한다. 그렇게 함으로써 상대방이 나를 버리는 일이 없게 하려는 것이다.

/ 있는 그대로 자신을 사랑하기 /

남이 나를 싫어하면 어떻게 하나, 지나치게 신경을 쓰는 이는 다음 세 가지를 유념해야 한다. 먼저 자신의 마음속 불안과 두려움을 직면해야 한다. 어렸을 때는 나를 키워주는 이들 앞에서 나라는 존재는 너무나 미약했다. 하지만 어른이 되면 그때처럼 약하지 않다. 마음속 두려움, 공포, 불안이 비현실적으로 과장되었다는 것을 잊지 말자. 타인이 나에게 이래라저래라 말할 수 없다. 그리고 자신을 있는 그대로 사랑하자. 내가 남들에게 신경을 쓰듯이 그들도 나에게 신경을 쓴다. 내가 스스로에 대해 평가하는 것보다 나는 훨씬 더 존재감이 있다. 가고 싶은 곳에 가고, 먹고 싶은 것을 먹고, 보고 싶은 것을 보면서 자신을 만들어가자. 그러다 보면 타인의 관심이 조금씩 덜 중요하게 될 것이다.

인생을 살면서 나를 구해줄 이, 도와줄 이, 지켜줄 이를 찾는 태도를 버리자. 국가 간의 관계에서도 적어도 자국을 지킬 국방력이 있을 때 제대로 된 외교가 가능하다. 대인 관계도 마찬가지다. 나를 스

귀 기울임의 미학

스로 지킬 수 있어야 한다. 즉 오고 가는 것이 있어야 한다. 나도 상대방이 필요할 때 지켜주고, 보호해주고, 도와줄 최소한의 힘이 있어야 존중받고 존중하는 관계를 이어갈 수 있다.

사과를 강요하고 억지로 용서를 받아내는 정반대의 사람들도 있다. 어린아이들이 싸우면 어른들은 서로 사과하도록 시키고 용서하게 한다. 어른이 되어서도 마찬가지다. 죄책감이라는 감정은 불편하니, 죄책감을 덜기 위해 사과를 한다. 사과의 상당 부분은 상대방 때문이 아니다. 내 마음이 편해지기 위해서다. 사과를 했는데 상대방이 용서하지 않으면 사실 짜증이 난다.

상대방이 받아들이든 말든 덮어놓고 사과를 한 뒤, 사과를 했는데 왜 용서하지 않느냐며 상대방을 다그치기도 한다. 그러면서 사과를 받아들이지 않는 이를 비난하면서, '나도 잘못하기는 했지만 사과를 받아들이지 않는 네가 더 잘못이다'라고 결론짓고 애초에 자신이 잘못했던 일을 잊는다. 심지어 억지로 사과를 받아내기도 한다.

이런 식으로 사과하고 용서받는 경우 차라리 사과하지 않는 것만 못하다. 사과하고 용서받고 마음이 편해지느니 차라리 죄책감을 가지고 가야 같은 실수를 되풀이하지 않는다. 그러니 마음에서 우러나오지 않는 한, 가급적 사과하지 말고 강요하지 말자. 그리고 용서하지도 말자.

상대방이 내가 원하는 대로 해주면 그보다 더 좋을 수 없다. 하지만 상대방이 뜻대로 움직이지 않으면 화가 난다. 조금만 신경을 쓰면, 조금만 마음을 고쳐먹으면 되는데 안 하는 것 같다. 내가 내 마음을, 내 말을, 내 행동을 바꿀 수 없듯이 상대방 역시 자기 마음을, 자기 말을, 자기 행동을 바꿀 수 없다. 다시 한 번 말하지만, 용서 여부보다 중요한 것이 행동이다.

/ 되풀이하지 않는 것 /

용서를 비는 것보다 같은 실수를 되풀이하지 않는 것이 더 중요하다. 같은 상처를 지속적으로 주지 않아야 한다. 상대방이 용서하더라도 같은 일을 되풀이하면 용서도 소용없다. 중요한 것은 용서가 아닌 피해자의 망각이다. 상대방이 완전히 잊을 수 있도록 도와야 한다. 하지만 반드시 누군가에게 사과를 하고 싶다면 끝없이 반복해서 용서를 구해야 한다.

살다 보면 잘못을 저지를 때가 있다. 잘못을 인정하고 용서를 구한다. 용서받고 잘못을 잊고 싶다. 그런데 상처 입은 이의 마음은 그렇지 않다. 마음에서 지워지지 않는다.

용서를 할지 말지는 피해자가 결정하는 것이다. 일단은 말없이 죄책감에 괴로워하는 모습, 반성하는 모습을 보인다. 하지만 그런 행동 없이 용서해달라고 들이미는 경우가 있다. 그러면 화가 더 난다. 행동이 바뀌지 않으면 또다시 갈등이 생긴다.

귀 기울임의 미학

스쳐가듯 미안하다고 한 번 말하고 끝이라고 생각해서는 안 된다. 한 번 잘못을 크게 뉘우쳤으니 이제 다시는 이 일을 언급하지 말라고 요구하는 것은 잘못을 비는 태도가 아니다. 반복해서 뉘우쳐야 한다. 상대방이 나의 잘못을 잊지 않는다고 화를 내서는 안 된다.

세월이 남긴 흔적을 누군가의 마음에서 지우는 데는 오랜 시간이 필요하다. 영화를 보면 어떤 사람이 마음을 고쳐먹었는데 주위에서 알아주지 않는 경우가 종종 있다. 자신은 달라졌다고 생각하지만 남들이 보기에는 그렇지 않은 것이다. 일정 부분 편견이나 선입견 때문이다. 그럴 때는 당연히 억울하다. 자신의 모습 가운데는 바뀐 부분도 있지만 남아 있는 것도 있다. 타인의 입장에서는 남아 있는 부분이 더 많으니 바뀌지 않은 것 같다. 즉 자신이 생각하기에 평소 100개의 태도 가운데 하나가 바뀌었으니 달라졌다고 생각한다. 그런데 주위에서 보기에는 99개의 태도가 그대로 남아 있으니 바뀌지 않은 것이다.

100개의 태도가 모두 바뀐다면 누구나 내가 달라졌다고 생각할 것이다. 하지만 인간이 송두리째 바뀌기란 쉽지 않다. 변화의 여부를 판단하는 것은 자신이 아니고 타인이라는 것을 납득해야 한다.

김칫독을 깨끗이 씻어도 김치 냄새가 사라지는 데는 시간이 필요하다. 플라스틱 통에 김치를 오래 보관하면 통의 색깔이 불그스레하게 변하는데 아무리 닦아도 사라지지 않는다. 마찬가지다. 평생 살아온 방식, 태도, 분위기를 바꾸기에는 많은 시간이 필요하다. 노력하는데 아무도 알아주지 않는다고 너무 조급해하지 말자. 시간이 지나면 남들도 다 변화를 인정하게 될 것이다.

10

덮어야만 하는 때

보통 사람들은 문제가 발생했을 때 자신이 무슨 일이든 해서 가능한 빨리 해결하기를 원한다. 하지만 세상에는 저절로 풀리는 일도 있다. 시간이 지나 잊히도록 내버려두면 하나하나 해결되는 경우가 있는 것이다. 하지만 쉽지 않다. 내가 원치 않는 전화는 받지 않는 것이 최선이다. 내가 원치 않는 메시지는 확인하지 않는 것이 최선이다. 둔감해질 필요가 있다. 어차피 피하지 못할 고통이라면 시간이 흐르기를 기다리며 눈을 감고 귀를 막도록 조언하면 어떨까.

/ 민감함과 둔감함 /

본인이 아프지 않다고 생각하는 조현병 환자에게 약을 복용하도록 설득하기는 쉽지 않다. 가족들이 옆에서 보기에는 있지도 않은 일이 벌어진다고 하고, 하지도 않은 이야기를 했다면서 화를 내니까 분명히 이상이 있다. 하지만 환자는 그렇게 생각하지 않는다. 자신을 괴롭히는 사람들, 자신을 힘들게 하는 세상이 문제라고 생각한다.

이런 경우 병을 고치기 위해서 약을 먹자고 하면 백이면 백 거부한다. 그래서 이럴 때 나는 약은 하고 싶지 않은 생각, 듣고 싶지 않은 소리를 차단하는 것을 도와줄 뿐이라고 설명한다. 다른 사람들이, 세상이 당신을 너무 많이 괴롭히니까 견디지 못할 때 귀를 막고 눈을 감을 수 있게 도와주는 것이라고 말한다. 우울증 환자 가운데도 유난히 예민한 이들이 있다. 약을 먹고 가라앉으면 과거에는 못 견디던 일도 견딜 만해진다.

똑같은 층간 소음이라도 사람에 따라 느끼는 정도가 다르다. 객관적으로 큰 소음이어도 그러려니 하고 넘어가는 이도 있고 작은 소음에도 화를 내는 이가 있다. 때로는 외부의 소리를 피하는 것보다 내 마음을 다스리는 일이 먼저일지 모른다. 민감한 내 감각을 조금은 둔감하게 만드는 것은 어떨까.

직장에서 과도한 스트레스에 시달리다 보면, 집은 유일한 쉴 곳이다. 그런데 집에서도 소음 때문에 쉬지 못한다는 생각에 사로잡히면 잘 풀리는 일이 하나도 없는 것 같아 화가 난다. 스트레스가 심할수록 층간 소음에도 민감하게 반응한다. 특히 밤에 나는 소음 때문에 잠을 못 이룬다면 문제가 심각해진다. 보통 사람들은 깨지 않을 정도의 층간 소음도 우울증이나 불면증 환자에게는 수면에 방해가 된다. 분노, 짜증, 충동성이 우울증 때문에 악화되는 경우도 있는데, 층간 소음 때문에 잠을 못 자면 부정적 감정이 더 심해진다. 내 마음 속의 경보기를 끄는 것이 우선이다.

의사가 환자에게 약의 부작용을 설명하는 것은 쉽지 않다. 부작용을 설명하지 않았다가 이상이 생기면 환자의 신뢰를 잃는다. 이와 달리 어떤 환자들은 부작용이 겁이 나서 약을 먹지 않겠다고 한다. 그런데 아주 예민한 환자가 있었다. 부작용을 설명하고 약을 처방할 때마다 항상 부작용이 발생해서 치료 용량까지 약을 올리지 못했다.

이런 이들의 심리검사를 보면 조금만 스트레스를 받으면 몸이 아프고, 감정 동요가 심한 소견을 보인다. 그러다 보니 사는 것도 쉽지 않다. 이들의 마음은 도자기처럼 잘 깨지고, 난초처럼 민감하다. 피할 수 없는 고통이라면 차라리 눈을 감아야 할 때가 있는 것이다. 약에 대한 부작용을 아는 것만으로도 몸이 민감하게 반응한다면, 죽거나 다칠 일이 아닌 경우 차라리 모르는 것이 낫다.

/감정을 분리하자/

어떤 생각이 들면 그에 연관된 감정이 생긴다. 생각만 해도 고통스러운 일이 있다. 마음이 고통을 감당하지 못하고 생각만으로도 죽고 싶은 일이다. 그럴 때는 스스로 기억을 지우기도 한다.

앞서 설명했듯 인간에게는 '자서전적 기억'이 존재한다. '내 이름은 무엇이고, 원래 어떤 일을 하던 사람이며, 이런 것을 좋아한다' 같은 나와 관련된 기억이 바로 자서전적 기억이다.

영화나 드라마에는 다른 기억은 남아 있어 사는 데 지장이 없는데 자서전적 기억만 사라지는 경우가 자주 등장한다. 기억상실의 대부분은 사고, 뇌출혈, 뇌경색, 뇌종양 등으로 뇌손상이 발생했을 때 생긴다. 이럴 때 복잡한 단어, 지식 등이 가장 먼저 손상되고 자서전적 기억은 상대적으로 잘 보존된다. 나와 관련된 기억은 뇌의 여러 장소에 광범위하게 저장되어 있기 때문에 전반적인 큰 손상을 입지 않는 한 끝까지 버틴다.

내가 누구인가만을 선택적으로 잊는 환자는 매우 드물다. 하지만 너무나 괴로운 일을 당하면 현재의 나 자체를 망각하고 싶다. 지금의 내가 행복하고 더할 나위 없이 만족스럽다면 나를 잊는다는 것처럼 큰 고통이 없다. 하지만 지금 죽고 싶을 정도로 괴롭다면 나를 잊는다는 것은 다른 의미를 지닌다.

나를 잊게 되면 과거 역시 잊힌다. 과거의 내가 나쁜 짓을 저질러서 양심이 괴롭다면, 나를 잊으면 죄 역시 잊게 될 것이다. 과거의 내가 나약하고 못난 존재였다면, 나를 잊으면 내가 싫어하는 나 역시 사라진다. 새로 시작할 수 있을 것 같다. 그래서 영화 속 기억을 잃은 이들은 더 강한 사람, 더 선한 사람, 더 완벽한 이로 재탄생한다. 하지만 나 자체를 잊을 수 없다면 감정만이라도 사라지게 해야 한다.

/ 자극을 줄이자 /

휴가 때면 휴대폰이 안 터지고, TV도 없는 곳에 가서 머리를 식히고 오는 이들이 있다. 스스로를 자극이 없는 곳에 가두는 것이다. 사람들을 만나면 만날수록, 무언가를 하면 할수록 자극도 더 많이 받게 마련이다. 긁을수록 가려움이 심해지듯이 자극이 많을수록 더욱 민감해진다.

흔히 시련이 있으면 극복해야 한다는 말을 자주 듣는다. 그런데 극복한다는 것이 가능할까? 사람은 자신이 재미있어하는 것을 잘하게 마련이다. 본인이 하기 싫고 재미없어하는 일을 열심히 하는 사람을 본 적이 없다. 만약 재미가 없다면 나는 그 일을 하지 않는 것을 권한다. 사람도 마찬가지다. 누군가 나를 괴롭힌다면 그 사람을 견딘다고 해서 극복되는 것이 아니다. 나를 성가시게 하고 괴롭히는 이를 만나면 만날수록 점점 더 예민해진다. 나를 괴롭히는 이를 대하는 일을 줄여야 한다. 단 1분이라도, 단 10분이라도 만나는 시간을 줄이면 그만큼 마음이 편해질 것이다.

'사회공포증'은 사람들이 많은 곳에서 창피를 당할까 두려워하는 마음과 연결이 되어 있다. 낮에 사람들과 마주치는 것이 힘들어서 밤에만 다니는 이들이 있다. 걸어가면서 사람들을 볼 때는 두렵지만 자전거를 타는 정도는 괜찮다고 느끼는 사람, 모자를 쓰고, 선글라스를 끼고 다니면 덜 불안하다는 사람도 종종 있다. 흔히 '대인기피증'이라고도 한다. 정도에 따라서 '사회불편증'이라는 표현이 더 적당할 수도 있다. 사회공포증 환자는 병원에 오는 것도 힘들어한다. 자신이 힘들다는 이야기를 주위에 하는 것도 낯설어한다.

사람들은 대인 관계 유형이 잘 바뀌지 않는다. 사회불안이 있으면 사적인 생활과 공적인 일이 뒤섞이는 것이 힘들 수 있다. 이럴 때 자신을 바꾸려고 하기보다는 상황을 바꾸어 자극을 줄이는 행동이 현명하다.

똑같은 말이라도 나를 가장 힘들게 하는 말이 있다. 누군가는 자신을 욕하는 것은 참지만 부모에 대해 말하면 참지 못한다. 다른 욕은 다 참아도 냄새난다는 말만은 참을 수가 없다. 대체로 상대방에게 욕을 하지 말라, 비난하지 말라, 무시하지 말라는 말은 해도 소용이 없다. 하지만 딱 이것만 하지 말아달라는 부탁은 통한다. 상대방에게 제대로 요구를 하자.

때로는 신경을 분산시키는 것도 도움이 된다. 할 일이 있어 움직이다 보면 갈등에 괴롭더라도 잠시 잊을 수 있다. 신경 쓰이는 일이 있을 때 그 일을 해결하려고 하기보다는 다른 것에 집중하면서 냉각기를 가져야 한다.

가장 성숙한 심리기제는 유머다. 내가 불안함과 두려움을 느끼면 주위 사람들도 덩달아 불안과 두려움을 느낀다. 주위 사람이 불안해지면 나 역시 불안한 마음이 드는 악순환이 벌어진다. 그럴 때 적절한 농담을 하면 불안과 공포라는 자극이 웃음과 여유로 바뀌게 된다.

/ 현명한 보상 /

같은 고통도 충분한 보상이 주어진다면 참을 수 있다. 현실의 사소한 기쁨이 없다면 삶을 살아가는 의미가 없다. 배가 고프거나 목이 마르면 짜증이 나게 마련이다. 식사를 하든 물을 마셔야 한다. 마음 역시 마찬가지다. 쇼핑을 하든 수다를 떨든 자랑을 하든 보상을 주면서 마음을 달래야 한다.

미래에 대해서 상상해보는 것도 필요하다. 《이솝우화》 가운데 〈우유 짜는 소녀〉라는 이야기가 있다. 농부의 딸인 소녀는 어느 날, 우유통을 머리에 이고 우유를 장에 팔러 가면서 상상을 한다. 우유를 팔아 달걀을 사고, 달걀을 부화시켜서 병아리를 키우고, 병아리가 닭이 되면 팔아서 예쁜 드레스를 사 입고 무도회에 가면 멋진 청년이 청혼을 할 것이라는, 꼬리에 꼬리를 무는 생각을 한다. 그러다 우유를 엎지르고, 꿈이 깨진다.

이 우화를 엉뚱한 데 정신 팔지 말고 현재에 집중하라는 의미로 해석하곤 한다. 하지만 반대로 생각하면 더 나은 미래가 있어야 현재의 고통을 이길 수 있다는 뜻도 된다. 환상이 있기 때문에 괴로운 현실에 둔감해질 수 있는 것이다.

/ 상황을 피하자 /

마음의 상처를 스스로 덮어야 할 때가 있다. 과거의 심리치료에서는 어린 시절의 심리적 트라우마를 중요시했다. 환자가 보이는 신경증을 트라우마로부터 자신을 보호하기 위한 방어기제를 통해 설명했다. 환자가 고통을 떠올리기 싫어서 감정과 생각을 억압하는 것이 문제라고 여겼다. 따라서 억압을 풀어 환자가 자신의 트라우마와 대면할 수 있도록 해야 한다고 판단했다.

그런데 정신과 의사로서 환자들을 상담하다 보니 상처를 떠올리는 것 못지않게 중요한 일이 잊는 것이라고 생각되었다. 우리 마음속에는 '망각'이라는 기제가 있다. 아무리 괴로웠던 일도 시간이 지나면 기억이 희미해진다. 기억뿐 아니라 마치 오래된 사진의 색이

귀 기울임의 미학

바래듯이 감정 역시 그렇다. 환자를 위로해서 마음 아픈 일을 잊도록 도와주는 것 또한 중요함을 깨닫게 되었다.

괴로운 일을 지속적으로 대하면 계속 상처를 받게 된다. 일단 트라우마를 연상하게 하는 사람, 상황, 물건 등을 보지 않고, 듣지 않고, 만지지 않는 것이 중요하다. 더구나 분노에 사로잡혀 있다면 마음에 불이 활활 타오른다. 문제를 해결하려 할수록 더 화가 나고 억울할 수 있다. 일단 피하고 봐야 한다.

그런데 피하려야 피할 수 없는 경우가 있다. 그럴 때는 트라우마를 덮어야 한다. 흙속에 무언가를 묻고, 세월이 지난 뒤 다시 꺼내면 썩어서 너덜너덜해진 것을 보게 된다. 마찬가지로 트라우마를 무언가로 덮어야 하며, 그럴 때 위로가 도움이 된다. 시간이 지나면 아픈 기억이 조금씩 바래고, 조금씩 너덜너덜해지고, 그러다 보면 녹아 없어지게 되는 것이다. 진짜 믿을 수 있는 친구나 지인에게 실수, 실패를 탁 털어놓고 충분히 위로받아야 한다.

/ 망각의 힘 /

작은 실수, 작은 잘못에도 '죽고 싶다'는 생각이 들 만큼 절망하는 이가 있다. 실수했을 때 확대 해석하는 사람들이 흔히 범하는 오류는 '과일반화overgeneralization'다. 어쩌다 한 번 실수한 것인데 본인은 실수만 하는 것으로 생각한다. 자신이 잘했던 것은 잊는다. '선택적 추상화selective abstraction' 역시 문제다. 모든 일에는 잘한 부분이 있고 잘못한 부분이 있게 마련이다. 100퍼센트 잘한 일도, 100퍼센트 못한 일도 없다. 그런데 실수한 부분만 기억하고 잘한 부분은 잊기 쉽다. 결과적으로 실패했더라도 일을 하는 도중에는 즐거울 수 있다. 결과만 가지고 자신을 탓해서는 안 된다.

이런 사람들은 스스로 위로하는 힘이 약한 경우가 많다. 실수하거나 실패했을 때 '그래도 괜찮아', '다음에는 잘될 거야' 하면서 자신을 위로하는 이가 있는가 하면 스스로를 패배자로 낙인찍는 이들도 있다. 고통을 견디는 힘은 어떤 점에서 타고난 성격의 한 측면이다. 걱정이 많고, 신경질적인 성향이 있는 아이가 야단을 많이 치는 부모 밑에서 자라면 그러한 성향이 더욱 강화된다. 그리고 비난받지 않기 위해서 완벽주의를 좇기도 한다.

이들은 자신에 대해 인색하게 평가하는 경향이 있기 때문에 사소한 실수에도 더욱 민감해진다. 게다가 상황이 안 좋아서 지금이 아니면 더 이상 기회가 찾아오지 않을 것 같다는 절박함에 시달리게 되고, 실수나 실패를 하면 크게 절망한다.

실수를 했더라도 굳이 억지로 평판을 올리기 위해 노력할 필요는 없다. 같은 실수를 되풀이하지 않으려고 노력하는 것만으로도 족하다. 사람들은 생각보다 남에 대해 신경 쓰지 않는다. 같은 실수를 반복적으로 하지 않는 이상 실수는 잊히게 마련이다. 좌절감에 따르는 부정적인 생각이 지속되는 것을 막기는 쉽지 않다. 생각하지 않으려고 할수록 자꾸 더 떠오른다. 생각하지 말자는 것 자체가 일종의 집중이기 때문이다. 따라서 억지로 실수를 잊으려고 노력하기보다는 자신이 좋아하는 일을 하면서 시간을 보내는 것이 차라리 더 낫다. 시간이 지나면 잊힐 것이라고 믿으면서 참아내는 수밖에 없다.

눈을 감고 아주 깊이 땅을 파는 상상을 해보자. 잊고 싶은 기억을 절대로 열리지 않는 상자에 넣어서 못질하자. 그리고 파묻어버리자. 땅을 파는 것이 싫다면 무수히 많은 작은 방이 미로처럼 얽힌 엄청나게 큰 호텔을 상상하자. 가장 구석에 있는, 아무 특성도 없는 방에 당신이 잊고 싶은 기억이 담긴 특별하지 않은 종이 상자를 놓아두고 문을 잠그자. 그리고 열쇠를 버리자. 당신은 다시는 그 기억을 되찾을 수 없다. 이렇게 기억을 버리는 상상을 하다 보면 조금 더 쉽게 잊을 수 있을 것이다.

11

바로잡기

충고를 구하는 이들의 사정을 듣다 보면 상대방의 잘못된 생각이 눈에 보인다. 그럴 때는 바로잡아주고 싶다. 내가 보기에 상대방은 터무니없는 생각에 사로잡혀 있다. 잘못되었다는 것을 알려주기만 하면 바뀔 것 같다. 하지만 그럴 때 '내 생각이 잘못되었구나' 하고 인정하는 이는 드물다. 잘못된 생각이라는 것을 받아들이게 하고 싶다면 우선 상대방이 왜 그러한 생각을 하는지 그 사람의 입장에서 이해해야 한다. 그리고 상대방의 생각의 줄기를 파악해야 한다. 본인은 관련이 없는 각각의 실수라고 생각할지 모르지만, 비슷한 실수의 반복이었다는 것을 깨닫게 해줘야 한다. 패턴을 파악해서 알려주는 방법에 대해서 고민해보자.

/ 지식에 근거한 처방 /

병원에서 진료를 받을 때는 증상이 빨리 낫지 않는다면서 치료 효과에 대해서 계속 물어보는 사람이, 완치를 보장한다는 효과가 의심스러운 건강식품을 살 때는 큰돈을 덜컥 결제하기도 한다. 약을 잘 복용하는 것이 건강을 지키는 유일한 방법이라고 설명해도 소용없다. 하루 세 끼 음식을 골고루 먹으면 값비싼 비타민을 사 먹을 필요가 없고 간혹 먹더라도 몸에서 배출되거나 축적될 뿐이라고 말해도 그에게는 들리지 않는다.

막 의사 일을 시작했을 때는 환자에게 열심히 설명하면 고쳐질 것이라고 생각했다. 하지만 세월이 흐르면서 깨닫게 된 사실은 의사가 아무리 말해도 환자들은 '하고 싶은 일은 하고 만다'는 것이다. 병원에 가서 진료비를 내는 것과 건강이라는 환상을 위해서 돈을 지불하는 일은 별개의 소비 영역이다. 진료비는 어쩔 수 없는 소비이고, 건강식품을 사는 행동은 건강해지려는 욕망을 충족시키기 위한 소비인 것이다.

환자가 원하는 일을 하겠다는데, 말릴 방도가 없는 것이다. 말릴수록 환자는 의사에게 사실을 감추려 든다. 환자가 건강식품을 먹는 것, 민간요법을 따르는 것을 감추면 심각한 부작용이 발생해도 원인이 무엇인지 의사가 알아챌 수 없다. 그래서 나는 해가 되지 않는다면 효과가 있든 없든 환자가 원하는 대로 하는 것이 낫다고 생각하기로 했다. 다만 부작용이 우려될 때는 강력하게 경고한다. 그러다 보니 환자들이 오히려 더 신뢰하는 듯하다.

이러한 환자들의 심리는 어떤 점에서 유사과학이나 미신을 믿는 마음과 비슷하다는 생각이 들었다. 조현병 환자 가운데는 약물 치료를 중단하고 굿을 하는 이들이 종종 있다. 그래서 《왜 사람들은 이상한 것을 믿는가》, 《사람들은 왜 무엇이든 믿고 싶어 할까?》를 비롯한 과학 서적들을 찾아 읽게 되었다. 그 과정에서 의사들이 아무리 열심히 설명해도 믿지 않고, 주위에서 권하는 고가의 불필요한 치료를 선택하는 환자들의 심리를 일부 이해하게 되었다.

유사과학을 하는 이들은 정확한 통계를 근거로 들지 않는다. 치료를 받고 나은 사람들의 몇몇 사례로써 주장한다. 치료를 받고 효과가 없었던 사람에 대해서는 언급하지 않는 것이다. 이들은 스토리를 가지고 접근을 한다. 힘든 사연이 있는 사람이 치료를 받고 나아서 어떻게 삶이 좋아졌는가 등 이야기로 다가가기 때문에 솔깃하다. 환자들이 건강해지고자 하는 궁극적인 이유는 행복해지기를 바라기 때문이다.

더군다나 대다수 평범한 인간의 뇌는 현대사회의 복잡성이 증가하는 속도를 따라잡지 못하고 있다. 정신과 환자 가운데는 병원에서 지낼 때는 증상이 호전되는데 퇴원하면 악화되는 이들이 있다. 병원에서는 매일 정해진 일상이 유지된다. 그렇기 때문에 뇌가 처리해야 하는 정보의 양도 제한적이다. 특히 감정적으로 자극이 되는 정보가 적다. 그러나 병원 밖에서는 처리해야 하는 정보의 양이 비약적으로 늘어난다. 스트레스를 감당하기 어렵고, 약을 게을리 먹게 될 수 있다. 무한정의 정보가 제공되는 상황에서 몸이 아프게 된다면 스트레스가 더욱 심해진다. 그러다 보면 우리는 지식이 아닌 믿음에 근거해서 행동하게 된다.

정보의 홍수와 어지러울 정도로 빠른 사회의 변화 속에서 자신의 믿음에 근거해 비합리적인 결정을 하는 것이다. 환자뿐 아니라 전문 분야가 있는 의사나 교사, 종교인 등이 잘못된 결정을 하는 이유는 대개 비슷하다. 다 같은 인간이기 때문이다.

매사추세츠 대학 토머스 키다 교수는 이러한 현상을 《생각의 오류》에서 '우리는 실재하지 않는 것을 있다고 믿고, 상관없는 것에서 연관성을 찾으며, 예측할 수 없는 것을 예측하고, 자신의 생각을 뒷받침해주는 증거만 찾는다'고 표현한다. 또한 《블라인드 스팟》의 저자 매들린 L. 반 헤케는 인간이 실수를 하는 이유를 '생각의 맹점' 때문이라고 주장한다. 그렇다면 잘못된 결정을 피하기 위해서는 어떻게 해야 하는지 살펴보자.

생각하지 않기

'그때 조금만 생각을 더 했더라면' 하고 후회할 때가 있다. 잘못된 방향으로 열심히 하면 일이 잘 풀리지 않고 더욱 엉망이 되어버린다. 이럴 때는 일단 아무것도 하지 말고, 멈춰서 생각해야 한다.

질문

섣부른 지식은 문제다. 모른다면 이를 인정해야 한다. 그리고 물어봐야 한다.

익숙함의 탈피

위험을 바라볼 때 익숙해지면 '설마 괜찮겠지' 하며 스스로를 안심시키게 마련이다. 객관적으로 다른 사람의 관점을 취하지 못하고 주관적인 편견에서 못 빠져나온다. 그리고 자신을 들여다보기 쉽지 않다. 이야기를 글로 써보면서 내가 나를 바라보는 것도 도움이 된다.

수용

인간에게는 원인과 결과를 추론할 능력이 있다. 복잡한 일이 있을 때 범주화해서 정리한다. 얼핏 보면 관련이 없는 일들 사이에서도 공통점을 찾아낸다. 이를 '추상적 사고 능력'이라고 한다. 이와 달리 추상적 사고 능력은 원인과 결과를 바꾸어 생각하고, 기계적으로 범주화하고, 상관없는 일의 공통점을 만들고, 운과 우연을 착각하고, 지나치게 단순하게 생각하는 등 사고의 혼란을 가져오기도 한다. 설명할 수 없는 일을 억지로 설명하려 하지 말자. 있는 그대로 받아들이자.

기억에 의존하지 않기

인간의 기억은 생각보다 정확하지 않다. 상담하다 보면 서로의 기억이 완전히 다른 경우가 있다. 잘못된 기억을 맞는다고 믿게 되면 당연히 판단 또한 그르치게 된다. 왜곡된 기억은 진짜 원인을 놓치게 하고 우리를 잘못된 판단으로 이끈다.

상황 직시

솔깃한 이야기를 들으면 넘어가기 쉽다. 일단 스토리에 신경 쓰게 되면 다른 것은 보이지 않을 때가 있다. 특히 그 이야기가 욕망을 충족시켜주는 경우 다른 것은 보지 않게 된다. 인간은 복잡한 상황보다는 단순하게 생각하는 것을 좋아한다. 그런데 누군가의 탓으로 돌리는 것만큼 간단한 해결이 없다. 하지만 상황이 문제임을 직시하지 않고, 개인을 탓한다면 문제는 해결되지 않는다.

상대방의 반복되는 실수 아래 있는 반복되는 '생각의 오류'를 파악해야 그의 잘못된 생각을 바로잡을 수 있다. 하지만 그것만으로는 부족할 때가 있다. 틀렸다고 지적하면 부정하는 것이 인간의 심리다. 그때는 상대방의 논리를 역으로 이용하는 것도 도움이 된다. 자신의 논리를 부정하기란 쉽지 않기에 그의 논리를 사용해서 무력화하는 것이다. 그리고 상대방에게 이익이 되는 상황을 짚어주면서 행동을 유도하는 것도 한 가지 방법이다.

마치는 글

~~~

어떻게 생각하면 인생은 어렵고 긴 시험이다. 종종 시험에 드는 순간을 마주하고, 문제를 풀 수 있는 사람이 나밖에 없는 때를 만난다. 영화나 소설을 보면, 세계가 파멸을 향해 나아가는데 이 세상을 구할 수 있는 이가 단 한 명밖에 없다는 이야기를 만난다. 스토리 안에서는 세상을 구원할 운명을 타고난 이가 있다. 능력이나 노력의 문제가 아니다. 운명이다. 아서왕이 엑스칼리버를 뽑아 세상을 구원했듯이, 나 자신만이 내 인생의 문제를 해결할 수 있다. 나는 내 인생의 문제를 해결할 운명을 가졌다. 그러기 위해서는 마음의 소리에 귀를 기울여야만 한다.

수능이든 토익이든 이러한 종류의 시험은 종이에 분명하게 문제가 인쇄되어 있다. 주어진 문항이 마음에 안 든다고 바꿀 수 없다. 이와 달리 인생에서 겪는 어려움은 확실하게 주어지지 않는다. 주변에 일어나는 사건, 나를 둘러싼 사람들의 반응, 마음속에서 일어나는 감정을 성찰한 뒤에 문제가 무엇인지 추리해내야 한다. 쉽지 않다. 인생이 엉망이 되면 직감적으로 나쁜 일이 발생했다는 것은 안다. 하지만 도대체 무엇이 문제인지 알 수 없고, 생각도 뒤죽박죽이 된다.

그럴 때는 일단 내 마음에 귀를 기울여야 한다. 내 마음의 소리를 들을 수 있는 사람은 결국 나뿐이다. 이 소리를 듣기 위해서는 '귀 기울임의 미학'에 익숙해져야 한다. 일단 내 마음의 소리를 들을 수 있게 되면, 마음은 나에게 문제를 보여주기 시작한다. 그때 나는 내 마음이 불러주는 문제에 답해야 한다. 이 책은 내 마음이 문제에 응답할 때 필요한 정보를 담은 참고서다. 생각이 정리되면 머릿속의 인생 문제를 메모하고 풀이집을 만들어 소리 내어 읽어보자. 타인에게 듣는 어설픈 조언보다 나을 때가 분명히 있다.

어떤 이는 가슴 아픈 이야기를 꺼낸 다음에 더 아프기도 한다. 그러나 누구에게도 털어놓지 못하고 꽁꽁 싸맨다고 해서 덜 아프고, 덜 불행해지는 것은 아니다. 그동안 하지 못했던 이야기를 정신과 의사에게 하고 나면 상담 바로 뒤에는 더 아플지 모른다. 하지만 말할 수 있었기 때문에 평상시의 고통이 줄어듦을 경험해야 한다. 과거에는 항상 똑같이 마음이 아팠다면, 치료사에게 힘들게 이야기를

귀 기울임의 미학

꺼낸 뒤에는 역시 아프겠지만 그래도 덜 아파질 것이다. 차츰 줄어든 고통을 모두 합치면 상담 뒤 일시적으로 늘어난 고통보다 더 크다. 길게 보았을 때 상담이 도움이 된다. 계속하는 것이 옳다. 계속 아픔을 함께 나누면서, 상처를 극복하면 되는 것이다.

과거에는 심리치료사가 내담자의 심리적 거울이 되어야 한다고 믿었다. 거울은 있는 그대로 누군가를 비출 때 존재 의미가 있다. 거울에 비치는 있는 그대로의 내 모습을 보면서 우리는 헝클어진 머리도 빗고, 눈곱도 떼고, 볼에 묻은 볼펜 자국도 지운다. 거울이 저절로 작동해서 작은 키를 커 보이게 한다면 우리는 스스로를 제대로 파악할 수 없다. 거울은 있는 그대로의 모습을 보여줘야 한다.

이러한 맥락에서 심리치료사는 내담자의 심리적 거울이 되어야 한다는 고전 이론이 만들어졌다. 이와 달리 상담을 받고자 하는 내담자의 대부분은 대화를 기대한다. 하지만 대화를 제공하는 것은 심리치료가 아니라고 생각했다. 심지어 그러한 기대를 무너뜨리는 것 또한 치료의 일부로 여겼다. 그러다 보니 심리치료사가 감정을 드러내서 환자를 위로하고, 생각을 드러내서 환자에게 설명하는 것은 오랫동안 진정한 치료가 아니었다.

하지만 우리 시대의 내담자들은 심리상담에서 따뜻한 대화를 기대한다. 관심과 조언, 공감과 위로, 귀 기울임을 필요로 한다. 그런데 심리치료사가 무조건 듣기만 하면 내담자는 당혹스러워한다. 상대가 반응을 보이지 않기에 맥이 빠지는 것이다. 위로든 충고든 무언가를 받고 싶어서 심리치료사를 찾아왔다. 그런데 심리치료사는 묻기만 하고, 내담자는 묻는 말에 대답만 한다. 아무런 피드백도 없다. 내담자는 주기만 하고 받지는 못한다는 생각이 드는 것이다.

이런 경우는 감정적으로 반응하고, 적절한 피드백을 주는 치료사와 상담을 해야 허전함에서 벗어날 수 있다. 고전적 심리치료가 잘 맞는 내담자가 있듯이 이러한 치료에 맞지 않는 이가 있는 것이다. 과거에는 고전적 심리치료가 잘 맞지 않는 내담자를 심리학적 마인드psychological mindedness가 없다고 외면하기도 했다. 환자가 계속 관심과 귀 기울임을 요구하는 일을 내적 문제에 직면하기를 회피한다고 해석하기도 했다. 이 시절에는 암묵적으로 내담자는 치료사의 권위를 인정해야 한다고 생각했다. 심리치료에서만이 아니다. 지도자가, 상사가, 교사가, 사장이, 의사가 말하면 국민은, 직원은, 학생은, 노동자는, 환자는 무조건적으로 받아들이게끔 했다. 일종의 받아쓰기였다.

비극적으로 요절한 재미교포 미술가 차학경은 《딕테》라는 책으로 알려졌다. '딕테'는 '딕테이션dictation'의 약자다. 우리말로 옮기면 '받아쓰기'다. 《딕테》에는 받아쓰기를 거부하는 역사적 인물이 등장한다. 받아쓰기 시험을 볼 때 우리는 불러주는 대로 받아쓴다. 불러주는 문장에 의문을 품으면 안 된다. 그런데 문법적으로 틀린 문장을 불러줄 때는 어떻게 해야 할까? 틀린 문장을 고쳐서 답을 제출해야 할까 아니면 불러주는 대로 그대로 틀린 문장을 받아써서 제출해야

귀 기울임의 미학

할까?

　고전적 심리치료에서는 치료사가 불러주는 이였고 내담자는 받아 쓰는 이였다. 그래서 잘 받아쓰는 이에 대해 심리학적 마인드가 있다고 했다. 받아쓰기를 거부하는 이에 대해서 저항resistance 한다고 했다. 치료사는 내담자의 저항에 굴복하면 안 된다고 했다. 내담자의 저항을 해석해서 무력화시켜야 한다고 생각했다. 하지만 1917년, 프로이트의 《정신분석 입문》이 출판된 뒤 100년이 넘는 세월이 흘렀다. 세상이 바뀌었고, 사람도 바뀌었고, 치료사가, 내담자가 바뀌었다. 우리에게는 실용주의에 입각한 새로운 심리치료가 필요하다. 치료사와 내담자 사이의 커뮤니케이션이 요구된다. 치료사로서 내담자의 무의식을 해석하는 것보다 더 중요한 사항이 인간 대 인간으로 조언하고, 충고하고, 공감하고, 위로하고, 격려하고, 귀 기울이는 일이다.

　특히 귀 기울임이 중요하다. 고전적인 정신분석에서 치료사는 분석하기 위해서 환자의 이야기를 들었다. 치료사가 분석을 위해 자신의 이야기를 듣는다는 것을 환자 역시 당연하게 여겼다. 하지만 지금의 환자들이 원하는 바는 아무 목적 없는, 아무 조건 없는 귀 기울임이다. 그런데 진정한 귀 기울임은 단지 듣는 행위 그 이상을 의미한다. 흔히 듣는 행위는 수동적이라고 생각한다. 말하는 행위는 능동적이라고 한다. 하지만 습관처럼 말하는 것은 능동적이 아니며 오히려 수동적이다. 상대방이 원하는 대로 영혼 없이, 말하고 싶은 것만 쏟아내는 것 역시 능동적이 아니다. 이는 수동적인 것을 넘어 기계적이다.

이와 달리 적극적으로 귀 기울이는 것은 수동적이 아니라 능동적인 것이다. 그리고 말하는 이는 누구나 상대방이 능동적으로 귀 기울이는지 수동적으로 소리만 듣고 있는지 직감적으로 안다. 귀 기울임은 마치 자력처럼 작용한다. 자기장에 변화가 생기면 공간이 변하면서 시간의 흐름이 달라진다. 귀를 기울일 때 역시 마찬가지다. 치료사와 내담자 사이의 공간에 변화가 생기고, 시간이 흐름이 달라진다. 진정한 귀 기울임만이 진실의 순간moment of truth으로 이어진다.

정신분석이나 심리치료에 대한 책은 헤아릴 수 없이 많다. 하지만 정신과 의사나 심리치료사가 어떻게 조언하고, 충고하고, 공감하고, 위로하고, 격려하고 그리고 귀 기울여야 하는지에 대한 책은 찾아보기 힘들다. 우리 시대의 내담자들은 받아쓰기를 거부한다. 동등하게 존중받기를 기대한다. 우리 시대의 심리치료사들은 평등함을 요청하는 내담자들에게 응답해야만 한다. 그리고 이 책을 읽고 조언을 위해 '나'를 찾아온 이에게 제대로 관심 보이고, 진정으로 귀 기울일 수 있길 바란다.

《게슈탈트 심리치료》, 김정규, 학지사, 2015

《놀이와 현실》, 도널드 위니캇, 이재훈 옮김, 한국심리치료연구소, 1997

《다면적 인성검사: MMPI의 임상적 해석》, 김중술, 서울대학교출판부, 2010

《대통령의 권력》, 리처드 E. 뉴스타트, 이병석 옮김, 다빈치, 2014

《DSM-5 정신질환의 진단 및 통계 편람 제5판》, APA, 권준수 옮김, 학지사, 2015

《마음의 오류》, 뤼디거 샤헤, 박성원 옮김, 열음사, 2009

《만다라를 통한 미술치료》, 수잔 핀처, 김진숙 옮김, 학지사, 1998

《메타피지컬 클럽》, 루이스 메넌드, 정주연 옮김, 민음사, 2006

《보르헤스 전집》1~5, 호르헤 루이스 보르헤스, 황병하 옮김, 민음사, 1994~1997

《불확실성 경영》, 휴 커트니, 현대경제연구원 옮김, 21세기북스, 1999

《블라인드 스팟》, 매들린 L. 반 헤케, 임옥희 옮김, 다산초당(다산북스), 2007

《사람들은 왜 무엇이든 믿고 싶어 할까?》, 마르틴 우르반, 김현정 옮김, 도솔, 2008

《사로잡힌, 몸: 통증의 자연사》, 프랭크 T. 버토식 주니어, 김숙진 옮김, 이제이북스, 2005

《상속을 거부하는 아이들》, 클라우디아 A. 블랙, 김정우 옮김, 한국음주문화연구센터, 2003

《생각에 관한 생각》, 대니얼 카너먼, 이창신 옮김, 김영사, 2018

《생각의 오류》, 토머스 키다, 박윤정 옮김, 열음사, 2007

《생각의 지도》, 리처드 니스벳, 최인철 옮김, 김영사, 2004

《성숙과정과 촉진적 환경》, 도널드 위니캇, 이재훈 옮김, 한국심리치료연구소, 2000

《스포츠 행동의 심리학적 이해》, 최영옥, 대한미디어, 2002

《스포츠의 심리학적 탐색》, 호남 스포츠심리연구회 엮음, 홍경, 2001

《악의 상징》, 폴 리쾨르, 양명수 옮김, 문학과지성사, 1999

《역동정신의학》, 글렌 O. 가바드, 이정태 · 채영래 옮김, 하나의학사, 2016

《YES를 이끌어내는 협상법》, 윌리엄 유리 · 브루스 패튼 · 로저 피셔, 박영환 · 이성대 옮김, 장락, 2014

《왜 사람들은 이상한 것을 믿는가》, 마이클 셔머, 류운 옮김, 바다출판사, 2007

《인간과 聖》, 로제 카이와 지음, 권은미 옮김, 문학동네, 1996

《재능 있는 리플리》, 퍼트리샤 하이스미스, 홍성영 옮김, 그책, 2012

《정신분석적 심리치료》, 낸시 맥윌리엄스, 권석만 · 이한주 · 이순희 옮김, 학지사, 2007

《정신분석학적 대상관계 이론》, 제이 그린버그, 스테판 밋첼, 이재훈 옮김, 한국심리치료연구소, 1999

《지금, 경계선에서: 오래된 믿음에 대한 낯선 통찰》, 레베카 코스타, 장세현 옮김, 쌤앤파커스, 2011

《집단정신치료의 이론과 실제》, 어빈 얄롬 · 몰린 레쉬취, 장성숙 · 최혜림 옮김, 하나의학사, 2008

《체인징 마인드》, 하워드 가드너, 이현우 옮김, 재인, 2006

귀 기울임의 미학

《초우량 기업의 조건》, 톰 피터스 · 로버트 워터맨, 이동현 옮김, 더난출판사, 2005

《치료의 선물》, 어빈 얄롬, 최웅용 옮김, 시그마프레스, 2005

《카우치에 누워서》, 어빈 얄롬, 이혜성 옮김, 시그마프레스, 2007

《프래그머티즘》, 김동식, 아카넷, 2002

《프로이트 이후》, 스테판 밋첼 · 마가렛 블랙, 이재훈 · 이해리 옮김, 한국심리치료연구소, 2000

《프로이트》 1~2, 피터 게이, 정영목 옮김, 교양인, 2011

What is the Temperament and Character Inventory(TIC)?, https://tcipersonality.com/what-is-the-tci/

귀 기울임의 미학

ⓒ 최명기, 2019

2019년 10월 1일 초판 1쇄 인쇄
2019년 10월 5일 초판 1쇄 발행

지은이 | 최명기
발행인 | 윤호권
책임편집 | 김예지
책임마케팅 | 문무현 서영광 이영섭

발행처 | (주)시공사
출판등록 | 1989년 5월 10일(제3-248호)

주소 | 서울시 서초구 사임당로 82(우편번호 06641)
전화 | 편집(02)2046-2884 · 마케팅(02)2046-2894
팩스 | 편집 · 마케팅(02)585-1755
홈페이지 | www.sigongsa.com

ISBN 978-89-527-3971-1 03180

본서의 내용을 무단 복제하는 것은 저작권법에 의해 금지되어 있습니다.
파본이나 잘못된 책은 구입한 서점에서 교환해 드립니다.

이 도서의 국립중앙도서관 출판예정도서목록(CIP)은 서지정보유통지원시스템 홈페이지
(http://seoji.nl.go.kr)와 국가자료공동목록시스템(http://www.nl.go.kr/kolisnet)에서 이용하
실 수 있습니다.(CIP제어번호: CIP2019036509)